お江戸はつらいよ

江戸の町は今日もサバイバル!

水戸 計

彩図社

はじめに

現代の日本で生きる我々は、様々なストレスに囲まれている。

職場ではパワハラ、セクハラなどの各種ハラスメントに悩み、学校では受験戦争にイジメ問題、そして、もっと大きく社会全体を考えれば、貧困や多くの差別問題など悩みが尽きることはない。

世界中を駆け巡り、立ちどころにして情報を得ることができるインターネットの登場で、私たち人類は大きな利益を得ることができた。だが、同時に、それと同じくらい新たなストレスを受けていることも間違いないだろう。

そんな現代の諸問題を考えると、

「昔はよかったな」

と、ため息をついてしまいたくもなる。

しかし、ここであえて立ち止まってみたい。

都合の悪いことはすぐに忘れてしまうのが、我々人間である。

本当に昔は良いことばかりだったのだろうか。

昔の日本人は、本当にみんな幸せな日常を享受していたのだろうか。

そんな疑問に答えるため、本書ではあえて200年以上も平和な時が続いた〝太平の世〟江戸時代の暗部に注目し、冷静に振り返ってみることにした。


第1章の「武士はつらいよ」では、江戸時代の特権階級である武士の決して楽ではない生活、驚きの教育体制、現在よりも確実に軽視されていた命など、メンツを保つために窮屈な時代を生き抜いた彼らのリアルを紹介する。

第2章「町人もつらいよ」では、江戸時代の一般階層がどのような過酷な日々を送っていたのか確認したい。落語などで知ることができる江戸の街のノンビリとした日常はすべてを映す本当の姿なのか。そして当時、世界最大級の都市であった江戸は住みやすい街だったのか、本章を読んで想像してみてほしい。

第3章「女性もつらいよ」では、女性にとって現代以上に過酷な日常を紹介。恋愛や結婚、女性に対しての犯罪など、男性中心の社会の中で、見落とされがちな女性の生活にフォーカスする。

第4章「殿もつらいよ」では、何の不自由もなく生活できたと思われている江戸時代の支配者層が、本当はどんな思いを抱えて暮らしていたのか、その実態に迫る。殿様であろうとも気を抜いて生活ができなかったのが、江戸の世。決して気楽な人生でなかったことを感じることができるだろう。

第5章「罪人もつらいよ」では、江戸時代の未熟な司法制度と罪人たちの過酷な現実を取り上げた。時代劇に登場するような「名裁き」が生まれる環境は本当にあったのか、罪人たちはどんな日々を送ることになったのか、紹介する。

現代人の目には〝憧れ〟の時代として映る江戸時代。

はたしてそこにはどんな暮らしがあったのか。

本書を通して、毎日がサバイバルだった江戸のリアルを感じていただければ幸いだ。

お江戸はつらいよ～目次～

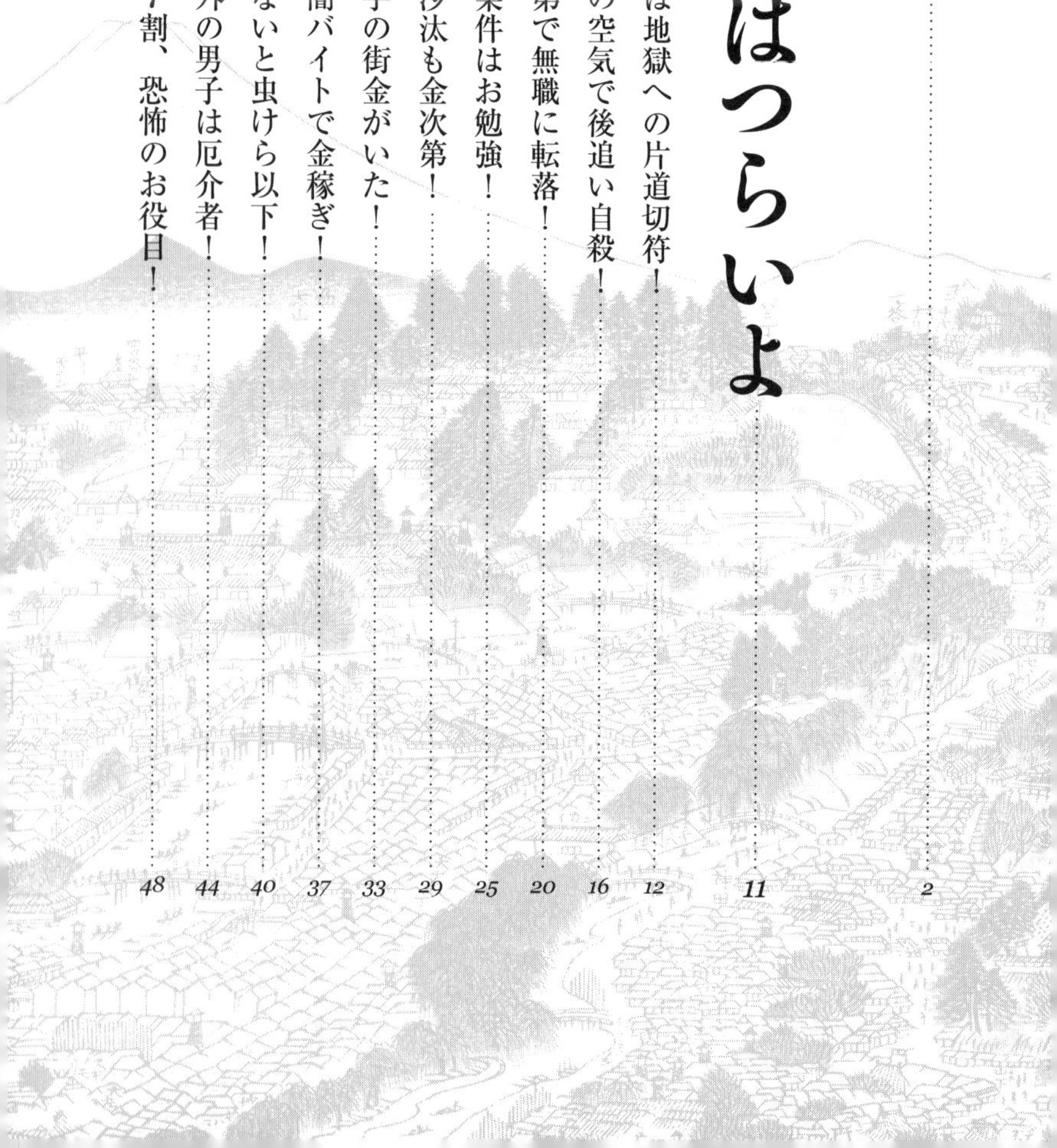

第二章 町民もつらいよ

第四章 殿様もつらいよ……145

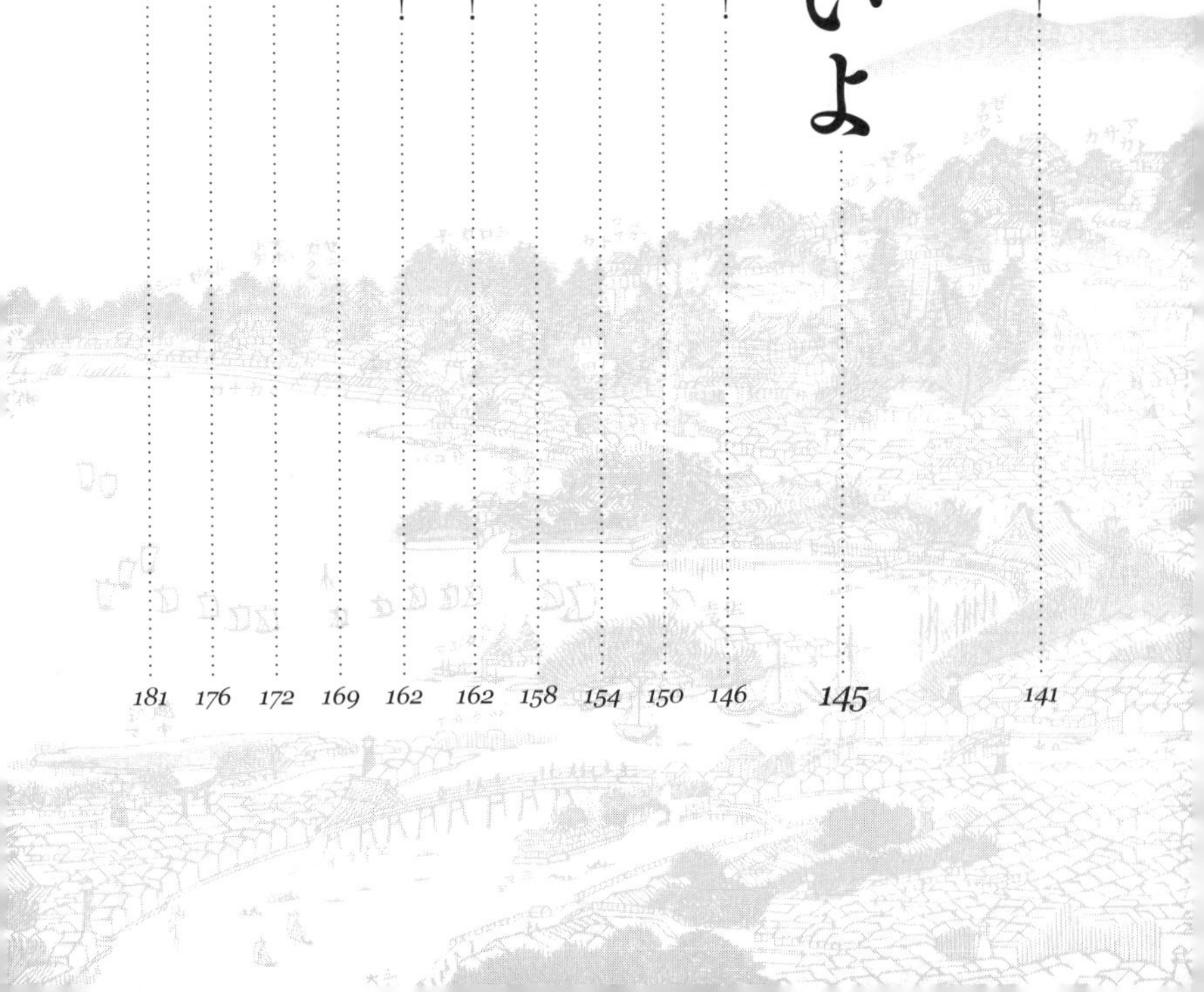

第五章

罪人もつらいよ　185

【第一章】

武士はつらいよ

【武士はつらいよ　其の一】

仇討ちは地獄への片道切符！

●仇討ちのリアル

江戸時代を舞台にした小説や講談、そして映画などの作品で、仇討ちをテーマにしたものは多い。仇討ちは、いわば個人的な怨念で敵を討つ方法であるので、非合法なものというイメージがあるかもしれないが、実は公的機関でしっかり許可を得て行なうものであった。

藩に所属する侍の例で見ていきたい。

仇討ちをする必要のある事件が起きた場合、まずは藩に願い出る。そして藩がその仇討ちを正当なものだと認めれば、幕府に申請する。このとき幕府から許可が下りれば、晴れて仇討ちをすることが可能になる。

江戸の有名な仇討ち「伊賀越仇討」を描いた絵。寛永11（1634）年11月、因幡鳥取藩の渡辺数馬と荒木又右衛門が伊賀国上野（現三重県伊賀市）の鍵屋の辻で、数馬の弟の仇・河合又五郎を討ち取った。

そして、ここからが長い長い仇討ち人生が始まることになる。

仇討ちに集中するとなると、本来の職務を遂行することはできない。そこでまずは藩に対して、休暇をもらうことになる。職務から離れるので給料はもらえなくなる。多少の手当を支給する良心的な藩もあったようだが、それではまったく足りない。

そもそも仇討ちには金がかかる。まず、対象となる人物は逃亡していることが多い。近場にいる可能性は低く、居場所もはっきりとしていない。そうなると全国のどこにいるかを突き止めることから始めなければならない。現代のような情報化社会ではないこの時代、仇討ち相手の追跡はかなり困難な作業であったはずだ。長い時間と莫大な旅費がかかるので、アルバイトをしながら追いかけることになる。

また仇討ちで殺す方法にも規定があり、ただ相手を殺せばいいわけではない。たとえば仇討ちの対象者の家臣となって近づき、機会をうかがって殺すなどの小狡い方法は、武士道や封建社会の観点からＮＧであった。

仇討ちを試みて10年、20年と月日が経てば、復讐にかける情熱に陰りがでることもあるだろう。「もう、こんな生活はやめて落ち着きたい」と考えたくもなるはずだ。しかし、仇討ちは一度申請してしまうと、諦めて中止をすることは許されない。父を殺された越後国新発田《しばた》藩《はん》の久米孝太郎は30年、犯人を全国で捜しまわり、ついに仇討ちを成功させたことが知られている。しかし、多くの仇討ち志願者は仇討ちを遂行することができず、藩にも戻れず、結局、そのまま消息不明となってしまった。

時代劇などで、いざ仇討ちを決意するとなれば、

「この恨みをなんとしてでも」

と熱い情熱が燃えたぎったシーンが描かれやすいが、仇討ちをしなければならなくなった当時の武士たちは、実際は頭を抱えていたことだろう。

●仇討ちの条件

では、どのような事件であれば仇討ちが認められたのだろうか。

仇討ちを受理してもらうには、いくつか条件があった。

まずは目上の者に加えられた危害に関する仇討ちであること。たとえば自分の主人や父母、叔父叔母、そして兄姉が殺された場合である。

仇討ちの相手として認められるのは、殺害した張本人のみ。その場合も相手が公的機関で処罰されていたら対象外になった。仇討ちにあった者が仇討ちをやり返すのも申請は通らない。これを認めていたら仇討ちの連鎖が永久に終わらないことが理由であろう。

ここで思い出してもらいたいのが、江戸時代の仇討ちとしてもっとも有名な「忠臣蔵」だ。実は「忠臣蔵」は仇討ちの条件に当てはまっていない。まず、仇討ちの中心人物となった大石内蔵助は仇討ちの申請を幕府に行っていない。そもそも、浅野内匠頭《たくみのかみ》は吉良上野介に殺されたわけではなく、公的に切腹を命じられて亡くなっている。

当時の法に照らし合わせて「忠臣蔵」を冷静に分析してみれば、仇討ちではないということになる。「忠臣蔵」はいうなれば、大がかりな喧嘩だったのだ。

【武士はつらいよ　其の二】

その場の空気で後追い自殺！

●殉死は空気感で決まる？

日本の歴史上で殉死といえば、明治の陸軍大将・乃木希典が有名だが、この風習は古くからあった。江戸時代でも、特に戦国時代の名残りが色濃く残る初期は、武士道の見本として主君から寵愛を受けた者はあの世まで従うべきだという感覚は一般的だった。幕府は寛文3（1663）年に殉死の禁止令を出すも、その後もたびたび殉死者は現れた。

そもそも、主君が亡くなったからといって、自身の命を絶つというのは現代の感覚では到底、受け入れられるものではない。

また、江戸時代では、自ら名乗り出て志願する以外にも、

戦国大名として名を馳せた仙台藩の初代藩主・伊達政宗（左）は、三大将軍・家光の時代まで徳川家に仕えた。寛永13（1636）年に死去した際は、20名もの家臣が殉死したと伝えられている。

「あいつが腹を切るべきではないか」

と、そんな場の空気でなんとなく殉死する者が決まってしまうこともあったようだ。

空気を読んで、というあたりは非常に日本的な話だが、その空気感で自らの一生が途絶えてしまうのは、本当に武士の辛いところ。

そんな空気感に抗うと、どうなるか。

寛永4（1627）年、会津六十万石の藩主・蒲生《がもう》忠郷《ただざと》が疱瘡で亡くなった。その際、幼い頃から忠郷の遊び相手に選ばれ、寵愛を受けていた森川若狭《わかさ》は、家中で、「殉死するのは森川若狭だ」と、勝手に決めつけられる空気を感じたという。

しかし、本人は納得ができなかった。忠郷が亡くなると、若狭は母と相談し、逃亡したのだ。

堀田正信（左）は、江戸時代の最後の殉死者ともいわれている。ちなみに、正信の父の正盛も3代将軍・家光の死去に伴い、殉死を遂げている。（『佐倉市史 巻1』より）

これに一族の北川土佐は激怒。江戸勤めであった叔父の森川重俊は、体面が悪いので若狭を始末しなければと考え、追っ手を差し向けた。〝自殺〟を拒否したことで、親族から追われるというのは、実に過酷な時代である。

結局、若狭は追っ手から逃げ切ることに成功。しかし、武士の身分では生活することはできず、名前も変えて反物をあつかう商人になった。

●一族の繁栄に利用された殉死

一族の体面が悪いという理由で、殉死を拒否すると追っ手を差し向けられた例からもわかるように、殉死は個人の感情の問題だけではなく、一族を背負うという側面も持っていた。

〝名誉〟とされていた殉死は、残された遺族が厚遇されることもあったようで、そのあたりを計算して、先を競って殉死する場合もあった。ただ、明らかに一族の厚遇を期待して殉死することは、計算高い「商腹《あきないばら》」として非難の対象になった。

商腹で知られているのが、下総国《しもうさのくに》佐倉《さくら》藩の藩主・堀田正信だ。彼は幕政批判を行ったことなどから、所領が没収されていた。しかし、4代将軍・家綱が亡くなった際に、鋏で喉を突いて殉死を遂げる。その影響かは定かではないが、子の正休《まさやす》は正信の死後、近江宮川藩二万石を与えられて大名に復帰している。

「名誉な殉死」だろうと、「商腹」であろうと、結局は命を落とすことには変わりない。現代と比べて、江戸時代は命の重さは明らかに軽すぎると言わざるをえないだろう。

ちなみに、殉死について主君が

「誰も殉死者がいなかった場合、まるで人望がなかったようでかっこ悪い」

と考え、宴席で殉死者を募集したことがあったという話がある。

そんな態度は、この時代でも場をしらけさせ、不評を買ったそうだ。

【武士はつらいよ　其の三】

殿様次第で無職に転落！

●取り潰しを〝泣き落とし〟で阻止

長い江戸時代には、時にとてもエキセントリックな大名もいた。三河国刈谷藩主・松平定政は、その一人として必ず名前が挙がる大名だろう。4代将軍・徳川家綱の時代に全国的に浪人が増えて社会問題となる中、二万石の領地を持つ定政は
「私が二万石を返上すれば、それで多くの武士を雇うことができる」
と宣言して、勝手に出家してしまった。
現在の政治家が同じようなことをすれば、法的な問題は別として、その心意気は一応、拍手喝采となりそうなものだ。

■ 改易・減封された大名の時期と原因（『詳説日本史図説』山川出版社より）

		改易（領地没収）された大名数	減封（領地削減）された大名数
時期	家康〜家光の時代	198家（約1612万石）	20家（約252万石）
時期	4代・家綱の時代	22家（約67万石）	4家（約18万石）
時期	5代・綱吉の時代	33家（約135万石）	13家（約30万石）
原因	関ケ原の戦い・大坂の役など軍事的なもの	93家（約507万石）	4家（約221万石）
原因	末期養子の禁止(※)によるもの	46家（約457万石）	12家（約16万石）
原因	武家諸法度など法制的なもの	59家（約648万石）	4家（約15万石）

※末期養子の禁止…当主の意思確認が困難で、家臣による不正が起こる可能性もあるため、当主が事故・急病などで死に瀕した際、家の断絶を防ぐための緊急な養子縁組は禁止された。

では、当時、定政の配下たちが、

「うちらの殿様は立派だ！」

とその行ないを称えたのだろうか。いや、きっと頭を抱えていたはずだ。主君がいなくなれば、自分たちの処遇も危ない。江戸時代、家臣としてはなにがなんでも主君の〝お家〟を守る必要があったのだ。

肥前国大村藩主・大村純頼《すみより》は28歳の若さで亡くなった。子の松千代はわずか2歳。年齢はともかく、松千代はまだ将軍に拝謁しておらず、これでは正式な後継者とは認められなかった。後継者が不在ともなれば、お家は断絶となる。

家臣らはこのピンチに、松千代をなんとか後継者として認めてもらおうと、とりあえず江戸へ急行。江戸の権力者たちに陳情をする。しかし、まったく取り合ってもらえない。ただ、ここで諦めてしまってはお家は断絶だ。そこで、とりあえず酒井雅楽頭《さかいうたのかみ》の屋敷の柱にもたれかかりながら泣き続けるという作戦を行った。酒井家としては、この状況は非常に迷惑で、なんとかなだめようとするもお家存続がかかった〝涙〟である。簡単には引き下がらない。結局、雅楽頭が手を尽くし、大村家は存続した。

●井伊直弼は死んでいなかった！

江戸時代、いや日本の歴史上でも、もっとも有名なテロ事件として必ず取り上げられるのが、桜田門外の変だろう。時の大老で彦根藩主・井伊直弼《なおすけ》が水戸、薩摩の藩士に襲撃されて命を落とした。しかし、豪徳寺にある井伊直弼の墓には、この襲撃を受けた当日が命日とは記されなかった。

実は江戸時代では、藩主の過失で亡くなった場合、お家断絶処分の対象になった。桜田門外の変のように江戸城下で襲撃されて亡くなったとなれば、直弼の過失と幕府から指摘をされてもおかしくない。また直弼が正式な後継者をまだ決めていなかったので、この点でも規

桜田門外の変を題材にした月岡芳年の「江水散花雪」

則に従えば彦根藩は断絶となる。

そこで、彦根藩はとりあえず直弼の死を一定期間、伏せておくことにした。もちろん、事件の直後には江戸の街では直弼が襲撃されたことは知れ渡っていた。それでも彦根藩は知らないふりをした。結局、直弼の死が公表されたのは事件から1か月後も経ってからのことで、墓の記録としても直弼が襲撃されたその日に亡くなったとは記されなかった。

当時の事実上の最高権力者がテロにあったという大事件。幕府側から指摘し、彦根藩に何らかの処分を下しても良さそうなものだが、それもなかった。

幕府としては、このテロで彦根藩を下手に刺激すれば、かつての赤穂義士のような騒動に発展する危険性があると考えた。また、江戸の街で彦根藩と水戸藩が全面戦争などを始めては、とんでもないことになる。

そうした考えから厳しい態度はとらなかったとされる。幕府が行なったことといえば、彦根藩に「動揺しないように」との言葉をかけるだけだった。

彦根藩もお家存続を必死に考え、幕府もなんとか騒動を大きくしないように、いわば〝あうんの呼吸〟で乗り切ったのだ。

ちなみに、テロの後、雪が血で赤く染まり、死体が転がっていた現場を、紀伊藩の行列が通り過ぎている。機転を利かせ、その〝あうんの呼吸〟に応じたのか、それとも単にもめごとに関わり合いたくなかったのかはわからないが、現場の惨状をいっさい無視して通過していったという。

【武士はつらいよ　其の四】

出世の条件はお勉強！

●身分制度に甘えられない教育

江戸時代、各藩は優秀な藩士を育成するために藩校を設立した。藩校は全国で200校以上あったといわれ、その多くは江戸時代末期に誕生している。各藩校では、それぞれ独自の教育体制のもと、武士の子弟たちを鍛え上げていた。

佐賀藩の弘道館は、武芸と学問、それぞれ成績のランクが決められ、身分が高い家柄の子弟の方が到達すべきランクが高く設定されていた。これは身分が高い家柄の出身者の方が、のちに藩の要職に就く可能性が高いためで、規定のランクに25歳までに到達しなければ、実際に官職に就くことができなかったり、家禄を削られることもあった。要するに、成績が悪

いと、先祖代々もらってきた収入が減らされてしまうのだ。江戸時代であれば、学校で〝良家のお坊ちゃん〟は依怙贔屓《えこひいき》されたと想像してしまうが、家柄の良い家に生まれた者こそ、しっかりと勉強をさせられるのが佐賀藩の弘道館であった。

また水戸藩の弘道館は、40歳になるまで聴講しなければならない義務があった。その歳まで勉強し続けなければならないとは、想像しただけでうんざりする人もいるだろう。

なぜ、ここまで藩校は厳しかったのか。多くの藩校が設立された江戸末期といえば、各藩とも財政状況が逼迫していた時であり、決して教育にお金を掛ける余裕があったわけではない。ただ、そんな厳しい時代だったからこそ、藩校で鍛え上げた優秀な頭脳で、藩政を支えてもらおうと考えたようだ。藩の将来を担うために設立された藩校は、とにかく優秀な人材をひとりでも多く育成しようと必死だったのだ。

しかし、これらの厳しい藩校のシステムがすべてうまくいったかといえば、そうともいえない。まず下級武士出身ながらも、藩校で認められて出世の機会を得た者たちと、もともとの上級武士たちの間で大きな対立が起こった。上級武士からの嫉妬にあったため、優秀な下級武士は窮屈な生活を強いられたのだ。結局、身分が低い者が苦しむ構造は変わらなかった。これが身分制度のある封建社会の限界だったのかもしれない。

水戸藩の９代藩主・徳川斉昭が天保12（1841）年に開設した弘道館。敷地面積10.5ヘクタールと全国一の規模を有し、15～40歳までの藩士やその子弟が学問や武芸を修めた。

さらに佐賀藩出身で後に早稲田大学を創設した大隈重信は、藩校の生徒たちの目的は〝家柄の維持〟であり、藩校での勉強はその家柄を守るための試験対策になっていたと振り返っている。そして、それでは新たな時代を築くような個性的で型破りな人材は育つはずがないと指摘している。

●処刑見学と肝試し

明治時代に来日し、日本を紹介する文章を多く残しているラフカディオ・ハーン（小泉八雲）は『ある保守主義者』という作品で、ある侍の息子が受けた家庭でのスパルタ教育について書き記している。

その侍は幼少期に「血を見る訓練」として刑場に連れて行かれ、死刑を見学させられた。見学中は、その侍は顔色を変えることも許されなかった。さらに帰宅すると、血の色を連想させる梅干しの汁を混ぜた赤飯を食べさせられたという。

また、江戸時代には教育の一環として肝試しも行われた。現代で肝試しといえば、古いトンネルや廃病院などの心霊スポットに友人たちとワイワイ行くようなイメージだろう。しかし、江戸時代の肝試しはそんなに生やさしいものではなかった。刑場に行って、生首を持って帰るという〝ガチ〟な肝試しだったのだ。

これらは侍として「何も恐れていない」ということを証明するためにやらされたようだが、現在の観点から見れば完全な児童虐待である。

【武士はつらいよ　其の五】

地獄の沙汰も金次第！

●とにかくお金がかかる武士の生活

武士の生活というのは、そもそもとてもお金のかかるものであった。

まず、武士たるもの、いつ何時であろうとも有事を想定しておかなければならない。そこで、ある程度の立場の武士は、常に兵員を確保しておく必要があった。

たとえば三〇〇石の侍であれば、7人程度は従えておかなければならない義務を負っている。この7人に給料を支払う必要があり、これはかなりの負担であった。三〇〇石といえば、それなりの地位ではあるが、それでも7人は負担が大きすぎる。

想像してみてほしい。現在で例えるならば、県庁に勤める課長や部長クラスの人間が、家

でハウスキーパーや運転手を7人抱えるようなものである。今の社会でそんなことが強制されれば、間違いなく公務員は頭を抱えるだろうし、公務員志望者も激減するはずだ。

続いて負担になるのが、馬だ。

ある程度の家格であると馬も必要になってくる。これもそれぞれの家柄によって、飼わなければならない馬の頭数が決まっていた。

馬は生き物なので、餌代などの経費がバカにならない。結局、自分で馬を飼うことができず、必要な時にレンタルするような武士もいた。ただ、そうなれば、馬は武士にとって身近なものではなくなり、やがて乗馬ができない武士が続出するようになっていった。

200年以上にわたって大きな戦乱がなかった江戸時代、兵員にしても、馬にしても使う必要がほぼないのに確保し、そこに経費を割かなければならないとは、なんともバカバカしい話である。しかし、太平の世ではその体裁を整えることこそが、武士が武士として存在するために必要であったのだ。

●バカにならない交際費と賄賂の横行

江戸時代における賄賂政治の代表格として名前が挙がる田沼意次（左）。等身大の京人形などといって箱に入った美女が届けられたなど、スケールの大きな賄賂話が伝わるが、その多くは宿敵の松平定信が流したデマとの説もある。

交際費も武士にとって頭を悩ます問題であった。まず、問答無用に負担となっていたのが親類との交際費だ。

現在と比べて武士の世界では、生まれてから成人するまで、とにかく祝い事が大切にされており、行事が多かった。たとえば、生後100日前後には赤ん坊に箸でご飯を食べさせる「箸初め」、3歳では頭髪を伸ばす儀式である「髪置き」と、このようなペースで毎年のように祝い事があった。もちろん、親戚中で子どもがひとりなんてことはないので、年に何人も祝わなければならない時だってあるだろう。その度ごとに祝儀が必要なので、武士にとって頭が痛い問題であった。

他にも仕事上での交際費が大きな負担になった。

江戸時代の武士たちの給料は家格に応じたものであり、特別な役職に抜擢された時には若干の役職手当が加えられた。しかし、重要な任務を与えられれば、それだけ交際費はかかる。当然、役職手当だけではまったく足りないので、そうなると自身の家計から持ち出す。それでも足りなければ、借金をすることになった。

特別な役職に抜擢されるような武士ならば、意欲の高い優秀な人材であるはず。それなのに一生懸命に働こうとすればするほど借金を抱えてしまうなど、なんとも理不尽な世界だ。そんな矛盾を解消する手段として機能していたのが賄賂であった。社会がこの理不尽な構造を理解していたので、ある程度の賄賂はむしろ奨励されていた、とも言われている。

江戸時代で賄賂といえば、思い出されるのが田沼意次だ。意次は賄賂のイメージが強いことで批判の対象になることもあるが、程度の差はあったものの彼は決して特殊な事例ではなかった。ちなみに、その後、老中に抜擢された清廉潔白のイメージがある松平定信も、賄賂を行ったという記録が残っている。このことからも、江戸時代の賄賂のイメージは現代の感覚とは大きく違うものだと分かるだろう。

ただ、そうは言っても、賄賂が社会的に意義のある機能を果たすことになってしまう世の中は、決して健全とは言えないだろう。

【武士はつらいよ　其の六】

武士相手の街金がいた！

●武士をターゲットにした貸金業者

兵員、馬の確保に交際費など、江戸時代は多くの武士が〝お金〟で苦しんだ。

当面の資金に苦しむこととなれば、考えるのが借金だ。幕末の頃になると、武士は年収の倍ほどの借金があるのが一般的であったという。

江戸の武士を顧客にした金融業者に札差《ふださし》というものがあった。

もともと札差は浅草にあった蔵まで貯蔵された年貢米を武士の代わりに取りに行く代わりに、手数料を受け取る仕事であった。やがて札差は武士の懐事情を把握するようになる。苦しい事情を見ていく中で、武士相手に金貸しをした方が儲かると考え、武士をターゲットにした貸金業が誕生することになった。収入に変化のない武士たちは、一度借りると借り続けなくてはならなくなった。結局、武士たちの借金は雪だるま式に増え続け、札差たちは大儲けした。

札差の主人は武士が金を借りる相談にきても、まず会ってくれなかった。会ってくれるのは手代である。メンツを重んじる武士からすれば、なんとも無礼な話と感じていたかもしれないが、金のためにはつまらないプライドなど捨てるしかない。

一方で、武士の中では、なんとか金を借りようと、刀を振り回したりして脅してくる者や、酒で酔って居座るような者もいたようだ。しかし、そんな脅しに屈するようでは武士相手の商いなどできない。札差側も用心棒などを雇い、乱暴な武士たちに対抗した。

借金が続くと武士たちは、いよいよ首が回らなくなる。そうなると踏み倒しも増えるようになった。享保年間には、幕府も武士の借金が増え続ける状況を憂慮し、武士たちの踏み倒しを厳しく取り締まった。そして同時に、札差側にも借金の利息が25％であったものを15％にするようにとの命令を下している。

しかし、そもそも武士の収入が少ないことが原因で、借金が膨らんでいるのである。この構造を何とかしないとあまり意味がないのだが、幕府も財政に余裕がなかったので、結局は

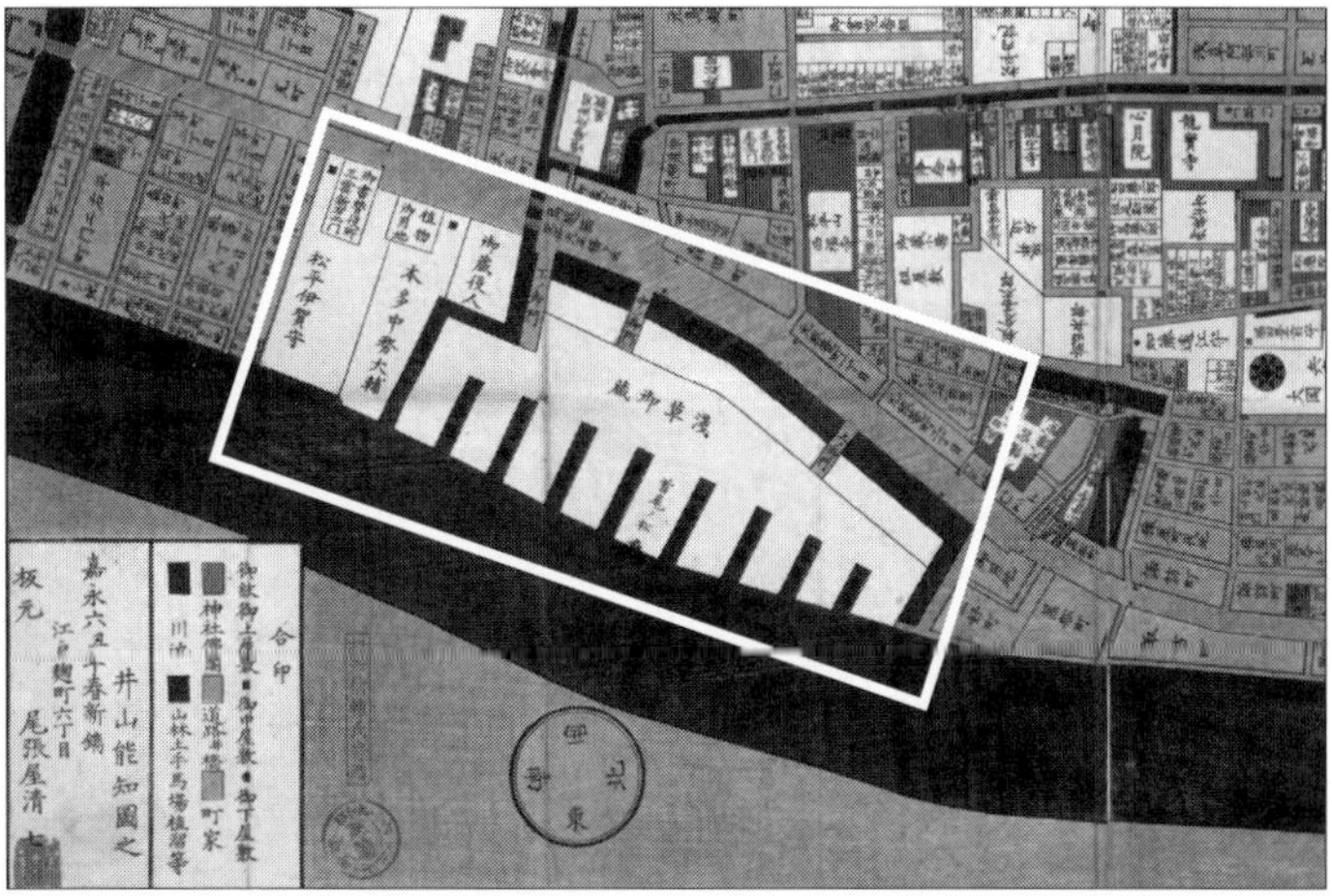

浅草にあった年貢米の保管庫。ここから札差は誕生した（「東都浅草絵図」）

抜本的な解決をすることはできなかった。

●頭のあがらない武士たち

個人の借金でなく、藩としての借金も武士にとって頭の痛い問題であった。

藩の財政が厳しくなると、大阪や京都の豪商のもとへ出張して借金をお願いしなければならない。商人に頭を下げねばならないので、とにかく武士からすれば辛い仕事であった。しかし、御家のために、プライドを捨てて金策に走り回った。

また、参勤交代で江戸に入ったはいいものの、江戸滞在中に資金難に陥ることも珍しくなかった。そうなると、ここでも商人に資金を工面してもらうために頭を下げる。そういう状況での借金なので、領地に帰るときになっても返済の目処は立っていないことが多い。金を貸した商人たちはとりっぱぐれてなるものかと、大名たちが領地に戻るために江戸を立つ出発日に屋敷に押しかけることもあった。

そこで返してもらえないと、翌年、再び参勤交代で江戸にやってきたときを狙って借金取りが集結。屋敷前に陣取り、大声を出して借金返済を迫った。

借金取りに門前で騒がれるなど、武士として恥ずかしい限りだが無い袖は振れない。

では、どうするか。ここで武士の〝伝家の宝刀〟が抜かれ、

「切腹して責任を取る」

と言い始める。

切腹されてもお金が返ってくるわけではない。こうなってしまうと町人は引き上げざるをえなかったようだ。資金難で苦しむ武士も泣きたかったはずだが、本当に泣きたかったのは、やっかいな相手にお金を貸してしまった町人の方だったかもしれない。

【武士はつらいよ　其の七】

休日は闇バイトで金稼ぎ！

●闇営業で生活を支える旗本

「武士は週休5日だった」

との言葉が一人歩きし、当時の侍の勤務は超ホワイトであったと言われることもある。

では、休みの日、侍たちは日がな一日優雅に縁側で寝転んでいたのか。いや、残念ながら侍の生活はそんなに甘くはない。彼らは休日にこそ、生活のための〝労働〟をしていたのだ。

とにかく下級武士は収入が乏しかったので、現金を得るために副業を積極的に行った。

当時、よく行なわれていた侍の副業は、庭での野菜の栽培。戸や障子などの修理を副業とした侍も多く、中には大工と競うほどの腕前を持つ者もいたという。

金魚の養殖も武士の副業だった（歌川国貞「あつまけんしみたて五節句」）

また、御徒町なら朝顔の栽培、大久保・百人町はツツジの栽培、下谷では金魚の養殖と、土地土地で得意とする侍の副業があった。

ただ、副業を堂々と行えたのは下級武士まで。将軍に直接お目見えすることができる旗本以上の身分になると副業はできなかった。

しかし、旗本といっても待遇は様々。家禄の低い者は極貧生活を送っていた。そんな旗本が貧しさから抜けだすためにやったのが、三味線やモノマネといった芸を身に着けること。それらを高給旗本の家で開催される宴会で披露して、幾ばくかの金銭を得たのである。

宴会で芸を披露するなど、武士としては屈辱的なことども思えるが、先立つものがなければ武士道がどうなど言ってる場合ではない。

経済力のない武士は、生活を〝闇営業〟で支えていたのである。

●売春宿と賭博場を経営

ここまで武士の副業の話をしてきたが、何をやっていいのかというとそうではない。

生活に困っていた太田波之丞は、屋敷内に長屋を建てて不動産賃貸業を始めた。

ここまではよくある話で問題はない。

しかし、それでも収入が足りなかった。そこで妻や家臣と相談し、長屋に売春婦を呼び、そこで営業させて一部売り上げを取るという商売を始める。ようするに旗本が売春宿の経営を始めたのだ。さらに家臣の家を賭博場として運用したりもしていた。

さすがにこれには幕府も黙っていなかったようで、波之丞は遠島《えんとお》処分（島流し）。働いていた売春婦らは吉原で3年のただ働きを命じられた。

いかに侍たちが生活に苦労をしていたか。街中を刀を差して、胸を張ってかっ歩する武士たちの頭の中は、今月の生活費や副業代の計算でいっぱいだったようだ。

【武士はつらいよ　其の八】

主家がないと虫けら以下！

●家を借りるのにもひと苦労

江戸時代初期、浪人は社会問題となっていた。

戦国の世であるなら、様々な場所で合戦が行われていたので仕官の口もある。しかし、太平の世では、なかなかその機会はない。加えて、どの藩も財政難で苦労しているため、新規採用など期待ができなかった。

とくに主家と仲違いして浪人になった場合は、再就職は絶望的だった。江戸時代には、武家の間で「奉公構《ほうこうかまえ》」という回状が出回っていた。これは武士の再雇用を禁じるブラックリストのようなもので、これに名前が載ってしまうと幕府はもちろんのこと、地方の藩にも仕え

エレキテルで有名な平賀源内（左）も奉公構を受けている。源内は宝暦9(1759)年に高松藩の家臣となったが、江戸に戻るために２年後に辞職。そのとき奉公構が出されたため、以後、源内は仕官することができなくなった。

ることはできなくなった。

浪人の数は増えていき、４代将軍・家綱の時代には40万人にも膨れ上がる。そんな中で浪人が結集して、由井正雪を中心に幕府転覆を企てた慶安事件が起きる。その事件を受け、幕府はようやく浪人問題の解決に本腰を入れるようになる。

とはいっても、浪人たちに新たな仕事を提供できるほど幕府の財政に余裕はない。そこで幕府は浪人を救済するのではなく、監視を強める方向へと体制をシフトしていく。

まず、浪人に家を貸す際は、生まれた国、以前の主家、浪人している年数などを聞き、奉行所に届け出をさせた。

さらに、浪人になる際は、以前の主家から、浪人となった理由などが記された証明書の交付を受けなければ転居や移動ができないこと

寺子屋経営もまた、武士の重要な副業だった（一寸子花里「文学万代の宝」）

になった。完全に不審者扱いだが、それだけ幕府は浪人を危険視していたということなのだろう。

●厳しい転職事情

江戸時代には、現代のような失業保険などの社会保障は存在しない。そのため、浪人になったその日から無収入に転落した。

当然、食べていくにはお金がいる。浪人たちは色々な仕事をして糊口をしのぐことになった。

浪人たちの〝勝ち組〟は、道場や寺子屋の経営者だった。だが、道場や寺子屋をやるには達人級の腕前や高い教養がいる。また、人気商売という面もあったため、競争に勝ち抜くには商才も必要だった。道場や寺子屋を開いても、成功できるのは一握りだった。

多くの浪人は、一家総出で「傘張り」などの内職をして食いつないでいた。

しかし、それらの仕事で得られる収入はわずかなものだった。そのため、いよいよ生活が苦しくなると、浪人は家宝の刀や甲冑などを売って生活費にした。やがて身のまわりのものを売り尽くしてしまうと、最後には武士の身分そのものまで売った。

この武士の階級を売り出すという方法は、各藩も財政難を打開するための秘策として行っている。しかし、武士の身分は思っていた以上に人気がなく、盛岡藩は販売価格を当初の3分の1にまでディスカウントせざるをえなかったという。

庶民は武士という職業が決してオイシイものではないことに気づいていたようだ。

【武士はつらいよ　其の九】

長男以外の男子は厄介者！

●次男三男のその後

武士の家では、何を置いても優先されるのが嫡子《ちゃくし》となる長男である。

現代であれば、親の遺産は特別な手続きを踏まない限り分割され、何番目に生まれた子どもであっても相続することができる。しかし、江戸時代は基本的に嫡子となる長男が、先祖からの財産や地位のすべてを譲られることになっており、次男や三男、それ以降の者は特に何の権限も持つこともできなかった。

長男以外からするととんでもない依怙贔屓だが、一応、そうする理由のようなものはあった。歴史的に見て、家が滅びる大きな原因に家督争いがあった。すべての子を平等に扱えば、

幕末に幕政をリードした井伊直弼も若い頃は冷や飯食いだった。14番目の男子だったため、将来を諦め、「埋木舎（うもれぎのや）」と自ら名付けた屋敷に住んだ。だが、兄たちが相次いで死去。35歳で家督を継ぎ、43歳で幕府の大老になった。

家督や財産を巡って兄弟間で争いが生じるおそれがあるし、その争いがエスカレートして兄弟たちが共倒れし、家が滅びるおそれもある。兄弟に差をつけるのは、一族を長く存続させるための重要な方策であった。

では、次男坊や三男坊の実際の待遇はどうだったかというと、これがなかなか酷かった。家でぷらぷらしている次男三男は一族の厄介者扱いで、食事するのは家の者が終えた後。彼らが食事をする頃には、ご飯がすっかり冷えてしまっていたので、「冷や飯食い」などと呼ばれていた。

そんな「冷や飯食い」たちには、どんな人生が待っていたのか。

まず期待するのは、一族を離れて、他の場所で仕官することである。しかし、溢れかえる浪人が社会問題となっていた江戸時代に、これはほぼ望めない。

次に期待したのは、跡継ぎのない家に養子

幕末の頃の寺小姓（井上十吉『東京生活のスケッチ』）

や婿養子として入ること。実際、江戸時代に名を残した人物の中には、次男、三男として生まれた後、他家に養子になった者が少なくない。しかし、その道を行くには他家からお呼びがかかるほどの超優秀な人材であることが条件だった。

あとは、家を継いだ兄に家臣として仕えるという方法もあるにはあったが、満足な収入を得ることができず、困窮した暮らしが待っていた。

結局、不遇な境遇に嫌気がさしてか、家を飛び出す次男坊以下も多かった。最終的には博徒の用心棒などの街のチンピラに身を落とし、犯罪の道へ進む者も少なくなかった。

●子供の将来のために性的虐待を黙認

これまで次男坊以下の武家としての身の振り方を見てきたが、武家を離れて寺小姓になるという道もあった。小学校1年生くらいの年齢で家を離れ、寺に入るのである。

寺小姓になる場合は、基本的に親の負担はない。寺では教育が受けられ、学問や茶道、華道、香道といった教養も身に着けることができる。

将来は本格的に仏門に入り、僧侶として生きていくこともできた。また僧侶への道を希望しなければ、寺が御家人株などを購入してくれて、武士として生きることも可能だった。教養を身に着けられて、将来の仕事の斡旋もしてくれる。良いことばかりのようにも見えるが、世の中、そんなにうまい話はない。寺小姓は女犯を禁じられていた僧たちの性的虐待の対象となることが珍しくなかった。

親たちも自分たちの子どもが、預けた寺で虐待を受けることを知らないわけではなかった。しかし、この時代、将来の安定は魅力的で、本人のためにもなる。そもそも、次男三男に家に残られても「冷や飯食い」となって迷惑であったことから、暗部を見て見ぬふりをして、寺に預けたようだ。

【武士はつらいよ　其の十】

死亡率7割、恐怖のお役目！

●エリート武士のブラックな勤務

江戸時代の武士たちが、労働日数が少なかったとは良く言われる話だ。しかし、勤務日数が少ない代わりに、昇給もなく、その時間をバイトに明け暮れたということは、すでに説明をした。

一方で、過酷な勤務体系で働く役職もあった。それが勘定奉行だ。

勘定奉行といえば、幕府の財務を管理する役職として知られている。しかし、財務だけではなく、関八州《かんはつしゅう》（将軍のおひざ元である武蔵《むさし》、相模《さがみ》、上野《こうずけ》、下野《しもつけ》、上総《かずさ》、下総《しもうさ》、安房《あわ》、常陸《ひたち》の総称）での訴訟に対応するのも、勘定奉行の仕事であった。現代で言えば、財務大臣に加

■ 江戸時代の主な職制

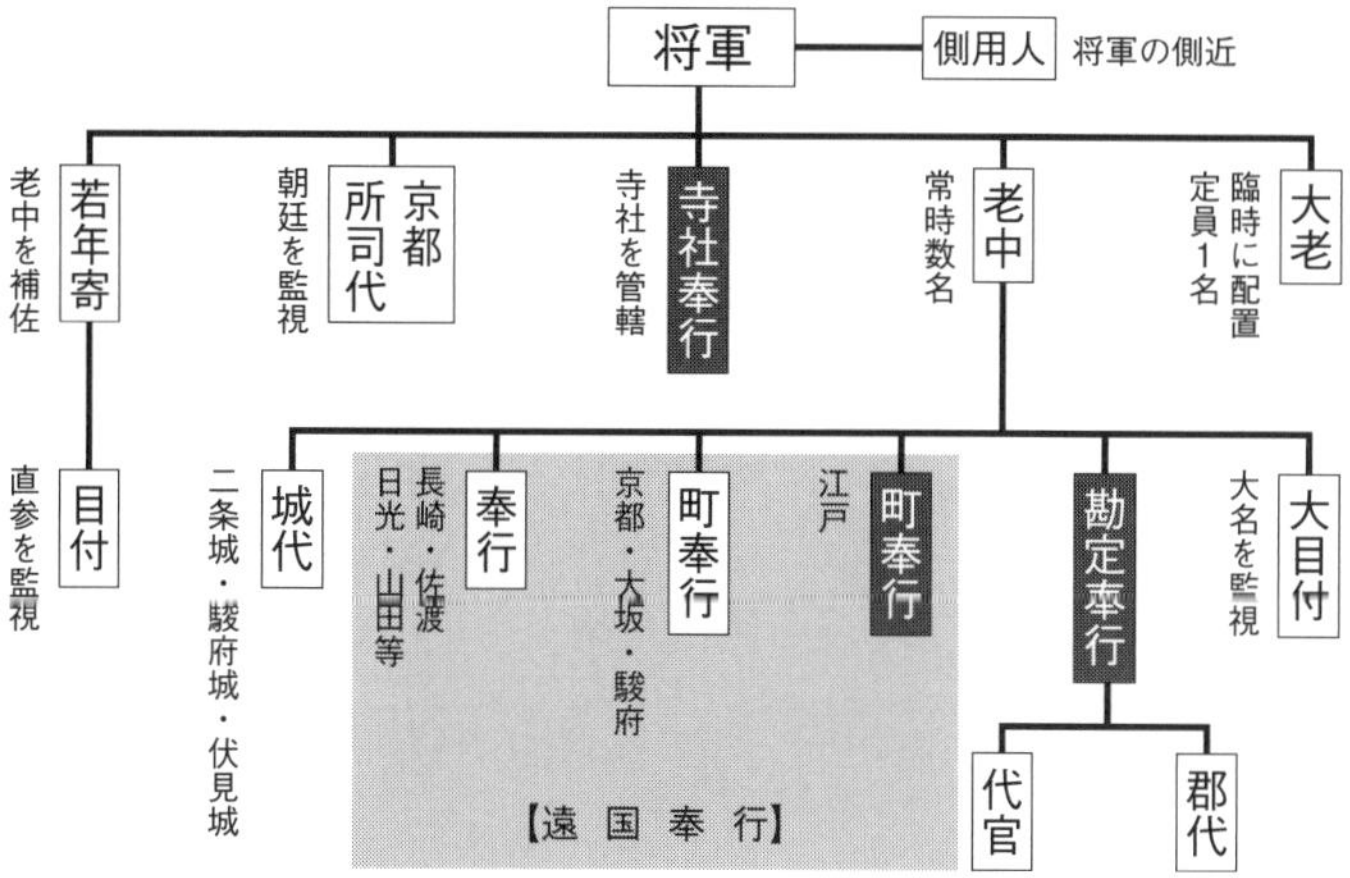

※白抜きにした「寺社奉行」、「勘定奉行」、「町奉行（江戸）」を「三大奉行」と呼ぶ。

え、東京高等裁判所と関東の地方裁判所の裁判官を兼務するという役職であった。

勘定奉行の定員は4名。毎朝5時から書類に目を通すことからスタートし、9時にあらためて江戸城内に出仕する。仕事は分担していたが、それでも仕事量はとてつもなく多く、たいへんな激務であった。

それゆえ、勘定奉行は他の役職に比べると、実力本位で選ばれた。優秀な頭脳と過酷な業務に耐え得る体力がなければ、務まらなかったということだろう。

優秀な人材に業務が集中する一方で、仕事ができない者は窓際族として、のらりくらりの生活を送る。現代の社会においてもそうした不公平がよく指摘されるが、それは江戸時代もあまり変わらなかったようだ。

●嫌がられた甲府勤務

幕府の仕事の中には、侍たちに敬遠されたものもあった。

おもに甲府城の守りと城の管理、甲府を治める甲府勤番は、とくに嫌がられた任務だった。まず、甲府はとくに問題がある場所ではなかったので、手柄の立てようがなく、張り合いがない。さらに山国であったこの場所には、遊ぶ場所もない。また、役職手当がつくこともなかった。

敬遠された甲府勤番は、やがて懲罰的な意味を持つようになり、「山流し」などと揶揄されるようになった。懲罰的な勤務であるので、働く者の生活態度も悪い。寛政の改革を担った松平定信の家臣は、甲府勤番の間で深刻なイジメ問題があったことを書き残している。

他にも嫌がられる地方勤務に、上方在番というものがあった。

上方在番は江戸城内を警護する者が、定期的に関西に赴任して、二条城や大坂城の警護をするという仕事だった。当時は、江戸よりも上方の方が物価が高く、赴任すれば経済的に困

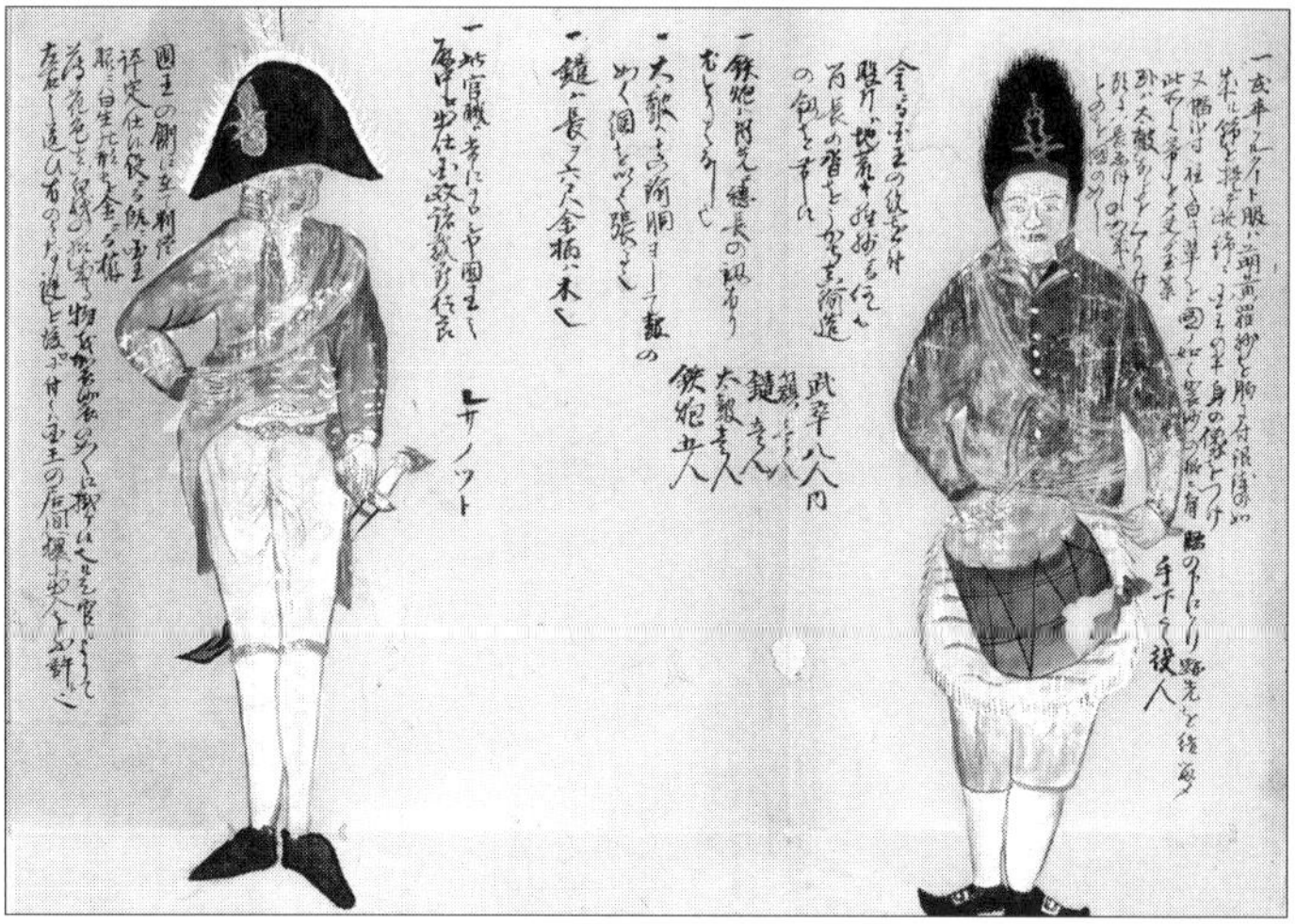

左がロシア通商使節のレザノフ(『視聴草』)。ロシア軍艦の襲撃を受けた択捉守備隊はあっけなく敗走。危機感を覚えた幕府は、以後、北海道の守りを固めることになる。

窮することになった。そのため、上方在番の順番が回ってくると、仮病で屋敷から出てこなくなる者もいたという。

●10人のうち7人が死ぬ仕事

19世紀に入ると、北方でロシアの脅威が深刻な問題になる。

文化4（1807）年には、ロシア通商使節のニコライ・レザノフの兵が樺太、択捉島を襲撃するフヴォストフ事件が勃発。鎖国体制をとっていた江戸幕府の根幹を揺るがす事態となった。

幕府は北海道を守るために全島を幕府の直轄地とし、東北の各藩に警備のために兵を派遣するように命じる。

この時、北海道の東端・斜里《しゃり》に駐屯した津軽藩士たちが自然の驚異と対峙し、過酷な生活を送った記録が残っている。

斜里に駐屯したのは、105名。文化4（1807）年の7月の終わり、第一陣が斜里に入ると後続の隊が順次到着し、長屋を建てるなどして越冬の準備を始めた。

だが、斜里の冬の厳しさは想像を絶するものがあった。凍った海水が川を逆流してくるような苛烈な環境。11月に入ると、寒さから食糧調達も思うままにできなくなり、栄養失調から浮腫を発症し、命を落とす者が続出する。

雪解けが始まる3月になると、帰国しようと斜里を離れる者が出たが、ことごとく失敗。文化5（1808）年6月に帰還命令が下るが、それまでに亡くなったのは、105名中72名。病気などにより途中でリタイアした者が13名、最後まで職務をまっとうできたのは、わずか15名だった（生還者は17名いたが、そのうち2名は越冬しておらず、途中からきた者だった）。結局、生きて斜里より帰ることができたのは、わずか30人。生存率30％という、実に過酷な任務だった。

【武士もつらいよ　其の十二】

礼儀作法にうるさすぎる!

●女子高生も驚きの門限設定

江戸の武士には門限があった。しかも、その時間はかなり早く、なんと夕方6時であった。こんな時間の門限であったので、当時の侍たちは〝夜遊び〟なんてまずできなかった。夕方6時近くになると武家屋敷の近辺では、早足で帰宅する武士の姿がよく見かけられたという。この〝早足〟というところがポイント。体面を気にする武士たちは焦って走っている姿を見せることを恥としていたため、あくまで〝早足〟だったのだ。

門限を守っているかどうかは厳しくチェックされており、外出時に目付役から札をもらい、帰宅時にその札を返すという仕組みになっていた。門限があったり体面を気にしたりと、ま

るでマンガに出てくるお嬢様学校の寮のような生活を、武士たちは送っていたのである。

そんな江戸の武士たちが唯一羽を伸ばすことができたのは、休日の日中。彼らが遊びにいくような場所は、それを見越して昼間の料金を高く設定したりしていた。

江戸勤務でない武士だと、門限はだいぶ緩く24時であった。しかし、有事の際に対応できなくなるので無断外泊は厳禁。もし、断りなく外泊をしているのがバレた場合は、厳しく処分された。

●目が回るような礼儀作法

武士が武士として生活するためには、とにかく礼儀作法が大切。武士たちは幼い頃から厳しくしつけられた。『小笠原諸礼大全』が武士の作法の基本となっていて、こと細かく決められている。

具体的に見ていこう。

まず、分かりやすいもので言えば「礼」の方法である。目上の者、同輩の者、そして目下の者に対しての方法が、それぞれ違う。

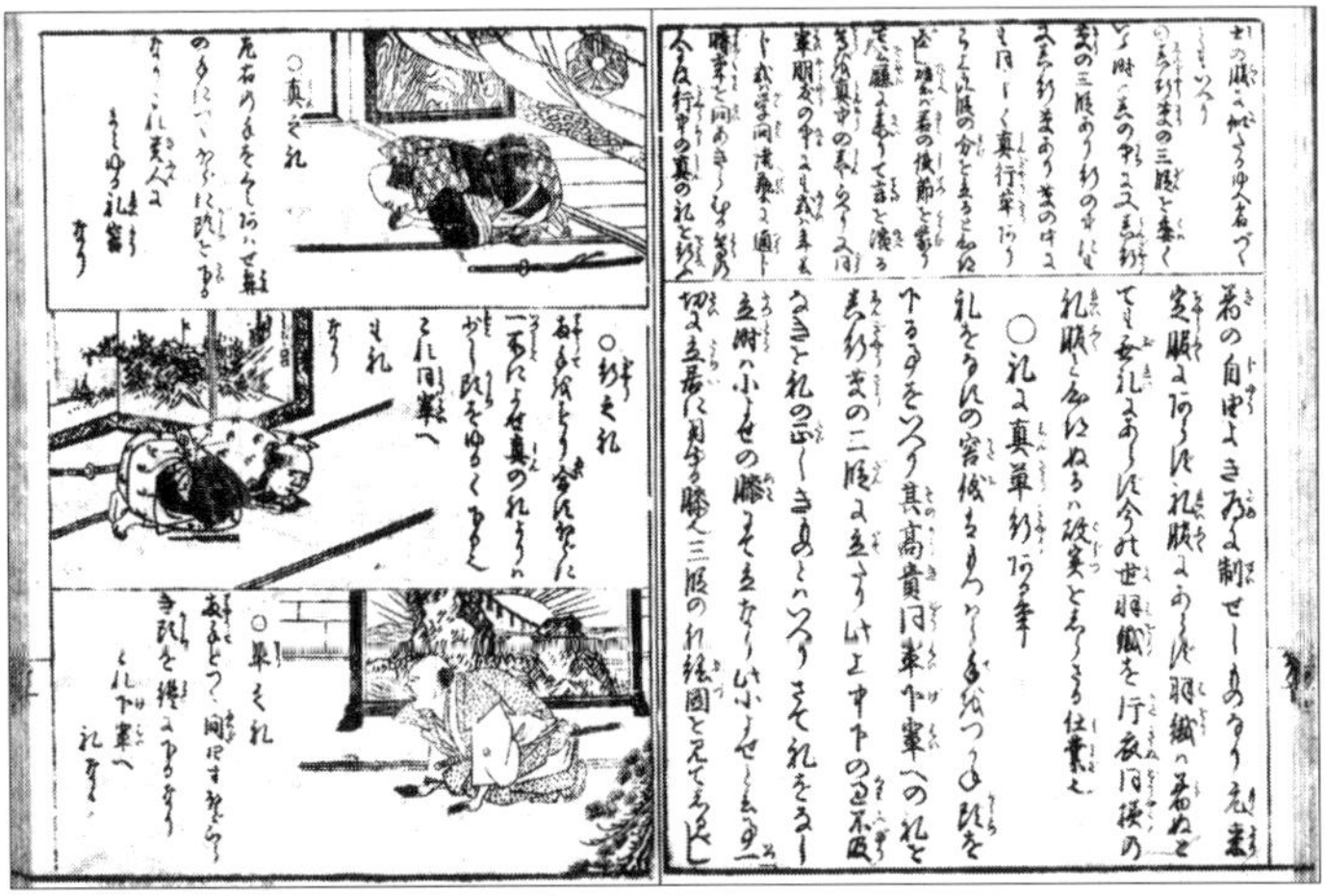

『小笠原諸礼大全』の本文。絵入りで礼儀作法を解説している（東京大学付属図書館）

まあ、現代から見た感覚でも、この程度なら理解はできるが、中にはいったいどんな意味があるのか、と思わず首を傾げてしまうようなものもある。

たとえば、外出時に道で籠とすれ違う場合は、籠に乗っているのが目上の者なら右へ、目下の者であったら左に避けなければならない。楊枝を渡す際は、扇の上に乗せ、相手の左側に先端が向くように渡さなければならないというものもある。さすがに、ここまでくると意図が理解できない。

他にも、茶菓子をふるまう方法、酒宴での作法、刀剣を他人に見せる場合や逆に見せてもらう場合の作法など、ありとあらゆる場面で、礼儀作法がこと細かく決められている。いくら幼少期から厳しくしつけられていたとしても、これらをすべて身に着けるのは大変だ。そのうえで剣術の稽古や勉学もしなければならないのだから、武士の子どもは大変である。

忠臣蔵に登場する吉良上野介は、殿中での礼儀作法を指導する高家という役目であった。その吉良は指導中に浅野内匠頭をイジメたことで、斬りつけられるというのが物語としての定説になっている。

吉良が本当に浅野内匠頭をイジメたかどうかについては謎も多い。だが、浅野内匠頭が作法についてグチグチ言われ、頭がパンクしそうになっていた、ということは少なくとも間違いなかったのではないだろうか。

【武士はつらいよ　其の十二】

切腹は地獄の苦しみ！

●切腹でもっとも大事なのは介錯

『忠臣蔵』が映像化される際、浅野内匠頭や赤穂義士たちの切腹シーンは、厳かで凛々しく描かれ、物語のひとつの見どころとなる。

しかし、江戸時代の切腹は、実際にそこまで厳粛なものであったのだろうか。

映像では粛々と切腹をする義士たちも、命じられた時点では切腹の作法を知らなかったとも言われている。

そもそも、切腹とは自らが腹を切るだけのものであった。しかし、それではうまく死ぬことができない。そこで介錯をする者が付けられるようになる。切腹する本人が苦しまずに済

切腹の様子（『徳川幕府刑事図譜』）

むようにとの気づかいというよりは、介錯することで刑をつつがなく終わらせたいという、執行する側の思惑の方が大きかったようだ。

問題はこの介錯する者の〝腕〟である。

下手な者が介錯を担当すると目も当てられない惨状になった。一太刀で首が切り落とせないため、何度も刀を振るうことになる。それでは切腹する者をなかなか絶命させることができず、無駄に苦しませることになってしまう。

幕末に土佐藩の勤王派として活躍した武市半平太は、活躍した半平太は、腹を三度切る「三文字割腹の法」を行ったことで知られている。その際に半平太は、腹を切るとうつ伏せに倒れ込んだため、首を刎ねることができなくなってしまった。慌てた介錯人は、半平太の脇腹を刺して絶命させたという。

●外国人が見た切腹の現場

実際の切腹の現場とは、どんなものであったのか。幕末に日本を訪れたイギリス人外交官のA・B・ミットフォードが、フランス軍艦の艦長から聞いた話を書き残している。艦長が目撃したのは、外国人を殺害した土佐藩士20人の切腹である。艦長は水兵20人とともに、この現場に立ち会うことになった。

最初に切腹を行った罪人は、はみ出したはらわたを手につかんで掲げ、外国人に対する憎悪の歌をうたったという。彼は絶命するまで歌い続けた。そして、次に続く者も同じように切腹を遂げていった。

自ら腹を切って罪を償うという、日本独特の風習を目の当たりにして、外国人たちは大きな衝撃を受けたようだ。11人目の切腹が終わったところで、耐えきれなくなって、残りの9名を助命してほしいと頼んだ。

この場面を振り返る際の艦長の声は、「たどたどしく震えていた」という。

●女性も積極的に腹を切った

切腹というと、男性のものというイメージがある。

しかし、女性の中にも夫に諫言するために腹を切った例がある。

江戸時代中期に広島藩を治めた浅野吉長は、藩政改革に成功し、「江戸七賢人」のひとりに数えられるほどの名君だったが、江戸滞在中に吉原にハマってしまう。そして、連日のように遊びにでかけた結果、2人の遊女を身請けして広島に連れて帰ると言い出した。

これに怒ったのが、妻の節姫《せつひめ》だった。

節姫は女性でありながらも武芸を好んだ男勝りな性格の持ち主。考え直すように説得したが、吉長は聞き入れない。すると、節姫は広島藩の江戸屋敷の自室で切腹したのである。

ここからがさらに壮絶で、駆けつけた侍女3人がすぐに長刀で節姫を介錯。この3人の侍女も節姫の後を追って自害した。

吉長はこれで目が覚めたのか、愛人を遠ざけると妻を手厚く弔ったという。

【第二章】

町人もつらいよ

反社会的勢力がウヨウヨ!

【町人もつらいよ　其の二】

●街を騒がす半グレたち

4代将軍・徳川家綱の時代、江戸の街では、現在でいうところの〝半グレ〟のような集団が問題となっていた。

関ヶ原の戦い、大坂の陣から50年以上の月日が流れ、すでに太平の世となっていたこの時代、武士のパワーは行き場所を失っていた。そんなエネルギーのはけ口として、江戸の街では組織化して狼藉を働く武士階級の者たちがいた。彼らは旗本奴《はたもとやっこ》と呼ばれ、派手な格好をして街を練り歩いた。

一方で町人階級の中でも半グレ化する者が現れる。彼らは町奴《まちやっこ》と呼ばれ、旗本奴と同じよ

歌舞伎で描かれた水野十郎左衛門（左）と幡随院長兵衛（右）

うに徒党を組んで街で遊興にふけり、乱暴を働いた。

旗本奴の水野十郎左衛門が町奴の幡随院《ばんずいいん》長《ちょう》兵衛《べえ》を殺した事件は、歌舞伎の『極付《きわめつき》幡《ばん》随《ずい》長《ちょう》兵衛《べえ》』として知られている。この物語では、武士階級の水野が乱暴を働く悪玉として描かれており、町人階級の幡随院は水野に対抗する善玉となっている。だが、当時の芝居の観客は町人が中心だったので、これはあくまで客を楽しませるための〝設定〟と見るべきだろう。現実では旗本奴と町奴はいずれも、遊郭や盛り場で乱暴を働く、街の厄介者であった。

この江戸の半グレたちは、飲食店で、「金がないから払わない」

と宣言することがあった。もちろん、店主は納得できないので支払いを要求する。すると、半グレたちは様々な言いがかりをつけて店で暴れた。だが、そこでおとなしく未払いを受け入れれば、次回にきた時にしっかりと支払いをする。その時は釣り銭も受け取らないという。これを「江戸の粋だ」と見ることができなくもないが、結局、やっていることは無銭飲食である。やはり庶民からしてみれば、迷惑な連中であった。

幕府も放っておいたわけでなく、旗本奴や町奴の取り締まりを強化し、リーダーを獄門にするなど、厳しい態度で臨んだ。先に紹介した水野十郎左衛門も切腹を命じられ、その翌日には2歳の嫡男・百助も処刑。水野の家名は一時断絶している。

●江戸の経済を動かす博徒

闇の勢力が経済を動かしている。

現代でもそんな陰謀論めいた話がまことしやかに囁かれることがある。それが事実かどうかはわからないが、少なくとも江戸時代は反社会勢力の「博徒」が経済の一端を担っていた時期があった。

日本人はギャンブル好きなのか、古くから賭け事が盛んに行なわれてきた。奈良時代に成立した『日本書紀』にも、賭け事を禁止する勅令があったことが記されている。

江戸時代でも賭け事は人気で、宿場町の千住にはサイコロ賭博の店が並んでいたという。幕府も何度も博打を禁止しようとしたが効果はなく、

「バクチを打たないのは寺の本尊と石地蔵だけ」

などと言われていた。とくに賭け事にハマっていたのは日雇いの労働者たちであった。彼らはその日に稼いだお金を博打につぎ込む。しかし、そう簡単に勝てないのがギャンブル。結局はすっからかんになってしまう。そうなると、明日の生活ができないので、自身の窮状を賭博を仕切っている博徒に相談する。

そうすると、博徒は

「日雇いの仕事なら紹介できるぞ」

と仕事を斡旋してくれる。博徒は手配師も兼ねていたのである。

斡旋した仕事の報酬を、博打で巻き上げ、また仕事を斡旋して巻き上げる。負の連鎖を生み出す、なんとも怖ろしいシステムだが、江戸の街に労働力を安定して供給するという面では役に立っていたと見ることができる。

【町人もつらいよ　其の二】

スリ&辻斬りが大量発生！

●特殊技能としてのスリ

職人や伝統技能の世界では、師匠から弟子へと技術が受け継がれていく。

江戸時代は、それと同じように、スリの間でも師匠から弟子へと技術が継承されていった。

現代の日本ではスリは単なる犯罪者だが、江戸時代には、ある種の特殊技能者と見られていた。他人に気づかれないように財布を盗るのは簡単ではない。スリ志願者はスリの師匠に弟子入りをして、厳しい修行を積んだ。また、当時のスリには、縄張りを破ると手の指をすべて折られるなど厳格な取り決めもあった。

そうしたことから江戸時代のスリは、プロ意識が高く、空き巣や強盗などとは違うといっ

捕縛される盗賊の鼠小僧。大名屋敷を狙った鼠小僧は庶民から義賊として慕われた。江戸時代は現代に比べ、スリや窃盗が身近にあったということだろう（「鼠小紋東君新形」）

たプライドを持っていた。

スリたちはグループごとに同じような髪型にして、同じような服を着ていた。

それでは、

「私はスリです」

と宣言しながら歩いているようなものだが、それでも狙われると防ぐことができず、被害に遭ってしまったという。

しかし、いくら特殊技能として評価をされていようと、スリはスリ。ようするに窃盗犯なので、庶民からすれば迷惑な存在だ。優秀な窃盗犯に街をウロウロされては、被害を受けることをある程度は想定していないと、街を出歩くことなどできなかっただろう。

また1800年頃には、スリよりも荒っぽい

『英名二十八衆句』（月岡芳年／落合芳幾）に描かれた白井権八（右）。白井権八は歌舞伎の役名だが、そのモデルになったのが、本文で触れている平井権八である。

「ひったくり」も流行した。

5人程度で1つのチームとなり、まず狙ったターゲットを突き飛ばして倒す。そしてチーム全員で囲み、財布、羽織、櫛、簪など金になりそうなものを強奪する。彼らは手口が荒っぽいので、「荒稼ぎ」と呼ばれた。

●辻斬りの横行と役に立たない交番

天下の副将軍・水戸黄門こと徳川光圀が若かりし頃、友人と夜歩いていた際に、
「ちょっと浮浪者を試し斬りしよう」
と誘われて、実際に斬ったという信じられない話が残っている。まだ戦国の名残りがあったこの時代、現代の常識よりも人の命はだいぶ軽く見られていた。

江戸時代、路上で斬りつける者を総称して、辻斬りと呼んでいた。その名の通り、辻で待ち伏せし、不意をついて通行人に斬りかかる手法で、江戸初期と

世相が混沌としてきた幕末期に多発した。動機としては武士では仇討ち、町人だと強盗目的が多かった。

　江戸時代の辻斬り魔として知られているのが平井権八だ。鳥取城主・松平相模守の家臣の家に生まれた権八は、剣の使い手であったものの、幼い頃から短気で知られ、同僚と揉め事を起こして出奔、江戸に出ることになる。江戸で吉原にはまってしまった権八は、遊興代を手に入れるために、辻斬りをするようになった。彼が斬った人数は130人と言われている。最終的に町奉行に自首をするも、死罪となっている。

　辻斬りの対策のために、武家屋敷の近くには、辻番を置くことになった。現代で言うところの交番に当たるものと考えればいいだろう。この辻番は江戸で900か所以上置かれた。これだけ警備が万全であれば、江戸の街は安心だと言いたいところだが、やがてこのシステムは形骸化していく。

　辻番の勤務中に内職する者や、のんきに鰻を焼いている者がいた。さらには辻番を使ってラブホテルを経営する者まで現れた。江戸時代後期になると、辻番で警護するのは老人ばかりとなって、治安を守る存在としてはまったく期待できないものとなってしまった。

　交番勤務の者が勤務時間中に副業に精を出す街は、やはり安心とは言えないだろう。

【町人もつらいよ　其の三】

大火事で街が焼野原！

●江戸の街がもっとも恐れたもの

江戸では1601年から大政奉還が行われる1867年の間で、1800件近くの火災が記録されている。人口密度が高く、木造建築が密集する江戸の街では、一度、火の手があがれば消火活動は難航し、被害は拡大する。1657年の明暦の大火、1772年の明和の大火、1806年の文化の大火が江戸三大大火として知られている。

特に明暦の大火は甚大な被害をもたらした。焼死者数は10万2000人。江戸の街の半分に火の手が広がり、大名屋敷は150軒以上が焼けた。幕府も救済のために炊き出しを始めたが、人々が手でお粥を受け取るような状態であったという。

『江戸火事図巻』に描かれた明暦の大火。勢い増す炎の中で、火消したちが消火活動に当たっている。その被害の大きさから「世界の三大大火」に数えられることもある。

もちろん、江戸幕府は火災の対策に必死だった。

この時代の火災の原因の多くは放火。そのため、放火犯はもっとも過酷な処刑方法である火あぶりの刑となった。犯人の捕縛にも熱心に取り組んでおり、密告した者には現代の価値にして150万円の報奨金を与えた、との記録も残っている。

火災が実際に起きた際も、消火活動を妨げるものは徹底的に排除した。まず、消火活動の邪魔になりそうな家財道具の持ち出しを禁止した。大八車などを引いて逃げようとすれば道がふさがる。これではスムーズな消火活動に影響が出るということで、その場で言うことを聞かない者は逮捕された。

さらに火災が発生した際の野次馬行為も禁止した。もしそれでも集まってくるような者がいれば逮捕、そしてその場で斬り殺しても構わないとされていた。

町火消は名奉行の大岡越前守によって享保２（1717）年に創設された

ただ、幕府が必死な一方で、火災に対して江戸庶民は、現代の感覚とは違う感情を持っていたようだ。火事になると金持ちが一気に財産を失う一方、もともと借家住まいの庶民は失うものがあまりない。さらに街の復興のために職人たちは仕事が増える。庶民からすれば失うものより、得るものの方が実は大きかったようだ。

江戸の火災は放火が原因とされるものが多く、その中には復興バブルを狙う利害関係が動機となっていたものも存在していたと見る説もある。

●過酷な火消たちの仕事

江戸の街には、大名火消や定火消、町火消など、多くの消防組織が存在していたことはよく知られているが、それぞれ役目が違っていた。

大名火消は火元へと向かうこともあるが、基本的には武家屋敷を守るのが仕事で、定火消は江戸城や幕府の重要施設を守るのが任務。町火消が地域ごとの消火活動を担った。火消したちは交代で寝ずに番をして、いざ火災が発生すると太鼓を打ち鳴らして知らせた。

当時は消防車もなければ、性能のいいホースもない時代なので、建物を壊して延焼するのを防ぐ破壊消防が基本作戦であった。もちろん重機などもないので、建物を破壊するといってもそう簡単ではないし、とても危険な仕事であった。竜吐水《りゅうどすい》という消防ポンプも開発されていたが、手動式でもあったため、あまり役には立たなかったようだ。

消火活動が難航すると、他の火消グループも応援に駆けつけた。ただ、そもそも火消は性格が荒っぽく、火災がない時ではもめ事をよく起こしているような者たちであったので、消火活動が終わった際は、

「この場所を消火したのは、うちの組だ！」

と大喧嘩が始まったという。

【町人もつらいよ　其の四】

風紀の乱れで何でも禁止！

●恋愛小説で処罰！　盆踊り禁止！　落語会はするな！

世界的に見ても5代将軍・徳川綱吉が行った生類憐れみの令は、かなりユニークな法律と言えるだろう。〝稀代の悪法〟とも言われるこの法律では、犬目付が江戸の街を監視し、「頬に止った蚊を殺したら流罪された」「最終的には10万人以上が処罰された」など、様々な逸話が残されている。

しかし、江戸時代にあったユニークな法律は「生類憐れみの令」だけではない。それ以外にも、「そんなことまで禁止しなくとも……」と感じてしまう法律が存在した。

江戸時代では風紀を乱すという理由で、たびたび出版統制が行われている。

天保の改革の頃に描かれた歌川国芳の「源頼光公館土蜘作妖怪図」。源頼光の土蜘蛛退治を題材に、改革を断行する為政者に対する民衆の怒りや不満を表現したとされる。

寛政の改革では戯作者の山東京伝《さんとうきょうでん》が、岡場所や廓の遊女の生活を克明な描いた洒落本を出版したことで手鎖《てじょう》50日。天保の改革では、恋愛小説が人気であった人情本の元祖ともいわれる為永春水《ためながしゅんすい》が手鎖50日。さらに柳亭種彦《りゅうていたねひこ》は、著作が11代将軍・家斉や退廃的な大奥をモデルにしたというウワサが流れただけで出版禁止の処分。その影響で種彦は自殺してしまった。

延宝5（１６７７）年には、夏の風物詩である盆踊りの禁止令が出されている。お盆の夜に死者を弔うために始まった盆踊りは、室町時代には庶民の娯楽として定着。江戸時代になると娯楽性が増し、衣装は派手になり、風紀が乱れることが問題視された。風紀の乱れが問題であれば、服装の乱れを取り締まればいいようにも思うが、幕府は盆踊りごと禁止にしてしまった。しかし、娯楽の少ない江戸では、寺社内や大名屋敷内でこっそりと〝闇盆踊り〟が開催されていたという。

さらに風紀という観点で、落語小噺が槍玉に挙がったこともあった。寛政の改革で幕府の財政が苦しい時に「おどけ話に興じているのはよくない」という八つ当たりのような理由で、「小噺の会を町人が開くのはけしからん」とのお触れが出された。結局、町人たちは「宇治拾遺物語の研究会」などの名目で集まり、〝闇落語会〟を楽しんでいた。

〝闇盆踊り〟に〝闇落語会〟……、江戸時代はとかく娯楽を楽しむのも窮屈だったようだ。

●頭巾をかぶるな！　紫色の服を着るな！

人々の生活を窮屈にする法律は他にもあった。

時代劇で、顔を隠す頭巾を被って登場する人物はだいたい悪人だ。顔を隠す頭巾は時代劇の重要なアイテムのひとつといえるだろう。この感覚はどうやら江戸時代も同じだったようで、「頭巾を被っているやつは、怪しいやつか紛らわしい」との理由で、享和元（1801）年に「顔を隠した頭巾を被るな」という法令が登場した。顔を覆う頭巾をかぶっている人物を見つけたら、直ちに頭巾を取らせて名前を聞き出し、もし怪しかったらそのまま奉行所へ連れてこいというものであった。

ちなみに、ファッションでは服装の色の規定もあった。なんだが厳しい女子校みたいな話だが、紅や紫は高貴な色なので禁止。結局、庶民は基本的に茶色や灰色の服を着ていたという。また服装では木綿や麻が推奨され、絹は制限。「違反者は逮捕。牢獄送り」とのお触れも出ていた。

江戸庶民はなにかと自由を制限されていたのである。

【町人はつらいよ　其の五】

農村はもっとつらいよ！

●苦しい村請制

これまで江戸の町人たちの暮らしを見てきた。時代劇などのノンビリとしたイメージと違って、現実は生きていくのに大変だったわけだが、農村部に比べるとまだマシだった。農民たちはさらに厳しい現実を生きていたからだ。

農村住民の暮らしは、干ばつや水害などの天災が起きると、大きなダメージを受けた。手塩にかけた農作物は災害でやられ、年貢を納めることができなくなる。自分たちの食糧すらなくなる。

そうなると農村住民は自らの土地を手放して、小作農として働いた。それでも生活ができ

炊き出しに並ぶ、不作で困窮する農民たち（『救荒孫の杖』）

なくなると、村から姿を消した。そうして江戸など都市部に向い、日雇いの仕事に従事することになった。

悲惨なのは、逃げなくてはいけないような状況に追い込まれた者だけではない。村に残された者も負担が増えた。江戸時代は、村単位で年貢の総額が決められる「村請制《むらうけせい》」が敷かれていた。耕す者がいなくなったからといって、その土地を放っておくわけにはいかない。逃げた村人の土地は、残った村人たちが協同で管理した。村から夜逃げするような者が増えれば増えるほど、残された者たちの仕事は増えた。

農地を管理しきれず、既定の年貢に届かなかった場合は、裕福な豪農や商人から米を借りて、穴埋めをすることになる。そうして、また負担は増えていくという魔のループに陥っていった。

一方で、農村を直接統治する代官たちは、年貢の取り立てが腕の見せ所となっていた。どれだけ年貢を搾り取れるかが、その後の出世を左右したという。自分の出世のことしか頭にない代官にとって、その土地の住民たちがどのような暮らしを送るかなど、関係のない話であった。

●〝仲間外れ〟だけではない村八分

「村請制」という制度からもわかるように、江戸時代の農村の住民たちは、一蓮托生で生きていた。そのため、村に不義理をする者に対しては徹底的に厳しい対応をした。

村八分とは、現代にも残る〝仲間外れ〟を意味する言葉である。

江戸時代、農村の住人たちには、10種類の付き合いがあった。具体的には、元服（冠）、結婚、葬儀、建築の手伝い、病気の看病、水害の世話、旅行、出産の手伝い、火事の消火活動。祝いや不幸があった時に、協力し合っていた。

しかし、窃盗や暴行、失火など、村の秩序を乱す行為があった家に対しては、葬儀と火事以外での8個の付き合いをしないという〝私刑〟を行った。これを村八分と言った。

村八分にされると、挨拶されないのはもちろん、村内での商品の販売や医者の往診も拒否される。また、子ども同士でも仲間の輪に入れてもらえなくなる。さらには、家の前に青竹を立てられ、表口から入ることを邪魔されたりもした。なかには見世物として周囲の村に連れ回されることもあった。

ここまでは、現代でいうところの〝イジメ〟のようなものであるが、もっとひどいものになると、村八分になった家の者を生き埋めにしたり、家を壊したり、焼いてしまったりすることもあった。

村八分を解除してもらうためには、酒を振る舞い、謝罪をする必要があった。しかし、解除といっても表向きのもので、後世まで差別的な扱いは続いていくことになった。

【町人もつらいよ　其の六】

飢饉は本当の生き地獄！

●子殺しを隣人に依頼した父

江戸時代は幾度となく飢饉が起こり、多くの庶民が命を落とした。代表的なものでいえば、寛永の飢饉、元禄の飢饉、享保の飢饉、宝暦の飢饉、天明の飢饉、天保の飢饉で、特に東北地方を中心とする東日本での被害が大きかった。

医者で随筆家の橘南谿《たちばななんけい》は、天明の飢饉後に東北を訪れた際に、地元民から聞いた〝飢饉のリアル〟を伝えている。

南谿が書き残したのは、飢饉で次々と家族が亡くなり、子どもひとりだけが残された父の話だ。

飢饉で家族を失い、唯一残された子もあと数日の命だと父は悟る。子の生きているうちに殺して、その肉を食べようと考えたが、さすがに我が子を殺すことに躊躇する。そこで父は隣人に子の殺害を依頼。その報酬として子の肉の半分を譲るといって話を持ちかけた。飢える隣人はその話を非常に喜び、ナタで子を殺したという。

ここまででもかなりの悲劇だが、話はここでは終わらない。なんと父は息子を殺したとして、すぐに隣人をマサカリで殺す。そして父は2人分の肉を塩漬けにして、しばらく空腹をしのいだという。父は最初から子と隣人、2人分の肉を手にいれることを計画していたのだ。あまりに残虐な行為だが、誰もが飢えで苦しむ状況であったので、この父が特別に責められることもなかったという。

天明の飢饉（『天明飢饉之図』）

さらに南谿は飢饉で人肉を食べた者の声として、老人や死人の肉はまずく、女性や子どもの肉はうまかったとの声

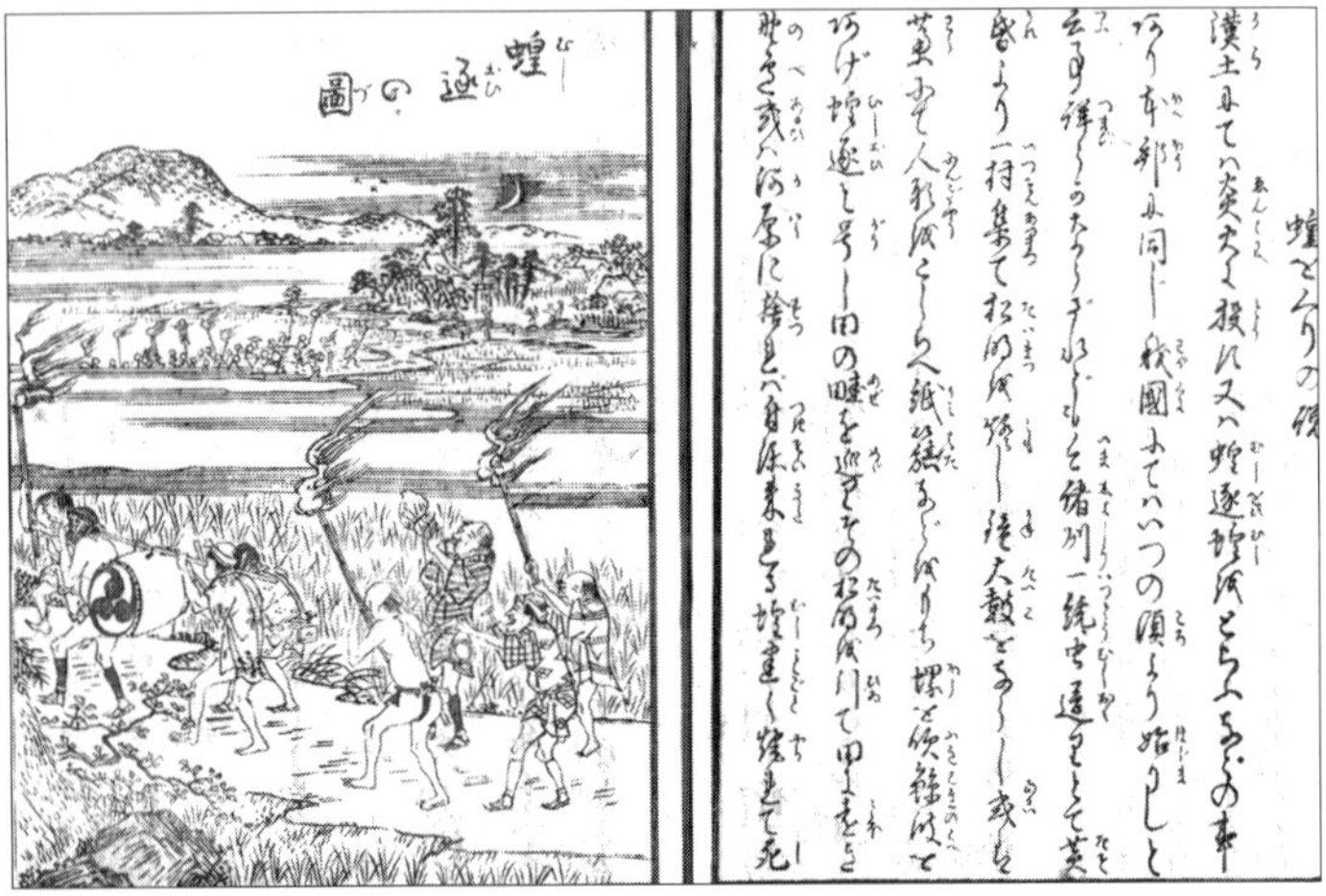

炎を使ってイナゴを駆除する農村の人々（『除蝗録』）

も書き残している。

筆舌に尽くしがたい生き地獄。これが江戸時代の飢饉のリアルなのだ。

●飢饉の原因

飢饉の原因は様々だが、代表的なものとして挙げられるのが、干ばつによる農作物の不作、台風などの水害、海の近くでは塩害が深刻な被害を与えた。

特に農村を苦しめたのが、異常気象などがきっかけで大量発生するイナゴなどの虫害である。イナゴが大量発生すると、すぐさま作物が食い散らかされる。鹿などによる害獣であれば追い払うこともできるが、大量発生したイナゴだと手の打ちようがない。完全にお手上げとなり、待っているのは、まさに地獄であった。

不作による飢餓が生じると、かなりの確率で伝染病が蔓延した。食糧不足で満足に栄養が摂取できない状況で病気にかかるため、多くの死者が出た。天保の飢饉では秋田藩で疫病が大流行。約5万人が亡くなったという。伝染病はやがて都市部にも広がっていく。その頃になると都市部でも深刻な米不足となり、米の価格が高騰していく。

直接的な原因を抱えていた地域以外でも大きな被害をもたらす飢饉は、すべての江戸時代の人々にとって他人事ではなかった。

【町人もつらいよ　其の七】

地震や噴火で大混乱!

●安政の大地震

日本は世界的に見ても地震が多発する国だ。東日本大震災に阪神・淡路大震災、また関東大震災と、地震によってこれまで何度も大きな被害を受けてきた。江戸時代にも巨大地震が起きており、特に被害が大きかったことで知られているのが、安政江戸大地震だ。

安政2(1855)年10月、東京湾北部でマグニチュード7の直下型地震が発生する。この地震によって、江戸では約1万5000軒の家屋が倒壊。さらに火災も発生し、約1万人もの死者が出たとされる。

この地震で甚大な被害を受けたのが、吉原である。吉原は一面が焼け野原となり、遊女と

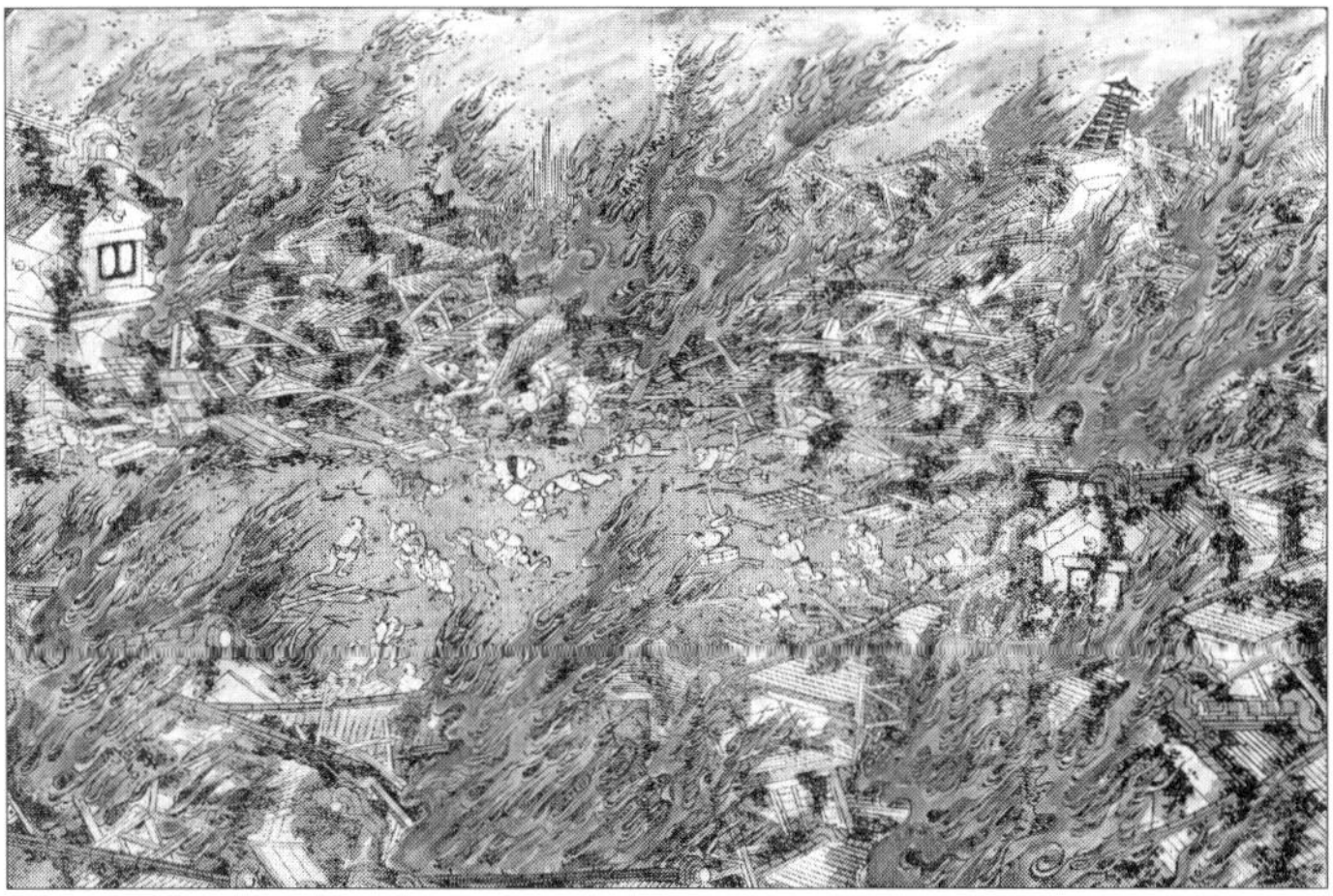

安政江戸大地震によって発生した火災の様子（『安政の大地震絵図』）

客を併せて約1000人が亡くなった。吉原は遊女が逃げ出さないために一帯が堀に囲まれており、緊急時には堀に反り橋が下ろされることになっていた。しかし、安政江戸大地震のときには、なぜかその橋が下りなかった。そんな中で、唯一の出入り口である大門に客や遊女が殺到してしまい、避難が思うように進まなかった。鎮火後の大門周辺は、折り重なって黒焦げになった男女の死体が多数発見されるなど、目を覆いたくなるような凄惨な光景が広がっていたという。

この大災害直後にナマズが地震を起こすという民間信仰がきっかけで「鯰絵」が大流行した。その種類は400種類あったという。現在でも、発生を予測することは非常に困難

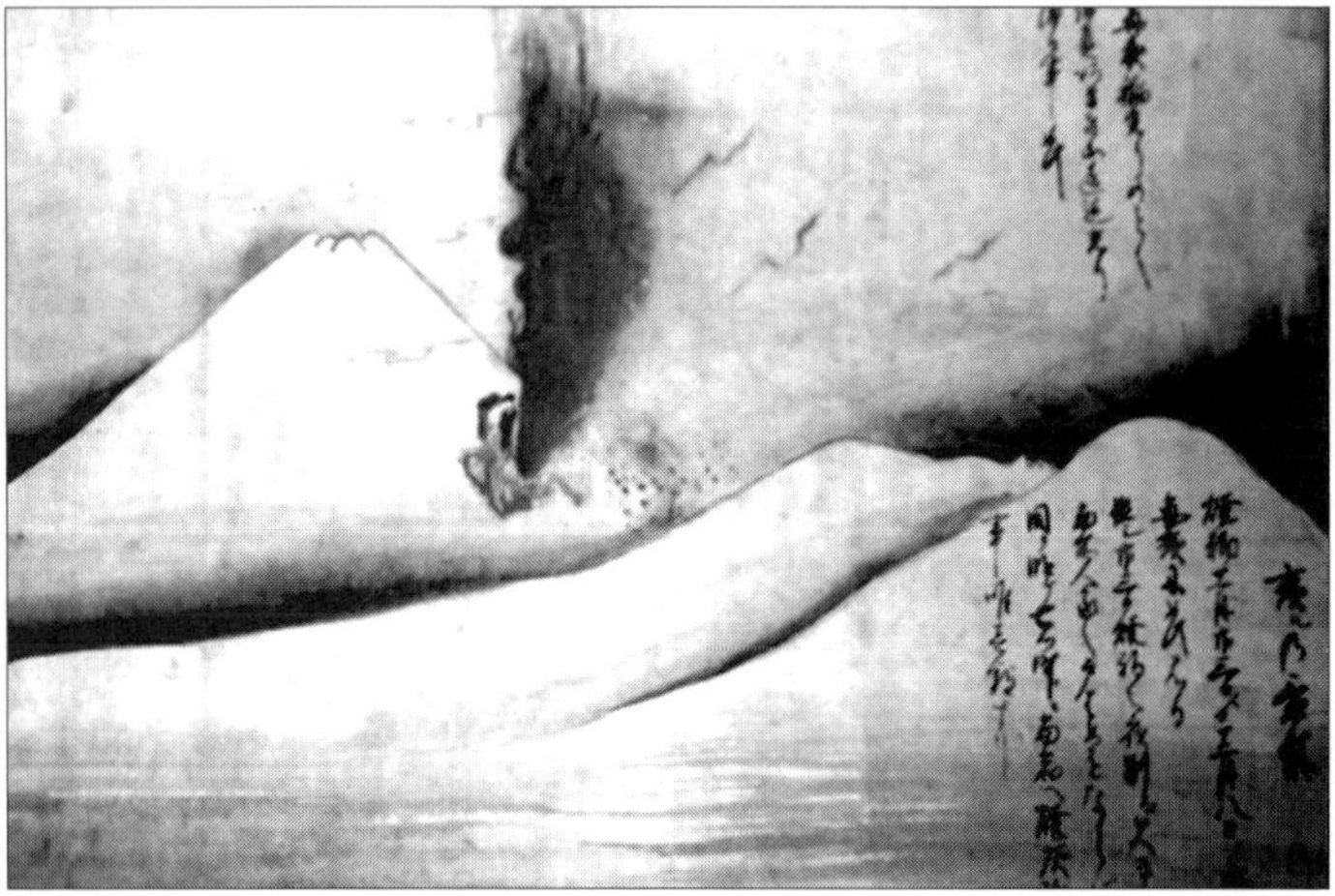
宝永4年には富士山が噴火（宝永噴火）。噴火は2週間続き、中腹に空いた火口から0.7立法キロメートルものマグマが噴出した（『夜ルの景気』）

とされている地震である。当時の江戸庶民がナマズにすがりたくなる気持ちもわかる。

●江戸川に水死体が溢れかえった理由

江戸時代には、火山の大噴火もあった。天明大噴火である。

天明3（1783）年、現在の長野県と群馬県の県境にある浅間山が噴火した。遠く離れた江戸の街にも、噴き上げられた火山灰が6センチも積もるほどの大噴火だった。江戸庶民を驚かせたのは、江戸川に多数の水死体が流れ着いたことだ。川面には死体がひしめき、一時は船の運航ができないほどであったという。

なぜ、江戸川が水死体で溢れたのか。利根川の上流の吾妻川が噴火で噴出した溶岩流によって堰き止められ、水害が発生。この水害で多くの者が亡くなり、その死体が利根川から江戸川に流れ着いたのだ。江戸川区の善養寺、葛飾区の帝釈天（題経寺）、墨田区の回向院《えこういん》などに遺体が収容され、供養塔が建てられた。

宝永４（１７０７）年には、富士山が噴火している。（宝永噴火）。11月23日未明に大きな地震が江戸で起こり、灰が雪のように降り積もった。

江戸の人々は当初、富士山が噴火したとは気づいていなかった。５代将軍・綱吉が「生類憐れみの令」を発令している時期でもあったので、庶民からは

「犬公方を叱る天の声」

などという噂も立った。

こうした中、江戸の街では社会不安が広がり、強盗が多発する。灰の影響で喉や目を痛めているため、地震の片付けは進まず、また昼間でも空が暗い状況も続いているので、江戸の街は泥棒にとって好条件の揃ったおいしい場所になった。

現代の日本でも規模の大きな天災がおきれば、社会に混乱が生じることもある。今よりも情報を得る手段が少ない江戸時代であれば、その混乱は想像以上であったはずだ。

【町人はつらいよ　其の八】

病気になったら神頼み!

●医者に免許は必要なし

幕末の江戸の街には、漢方医と蘭方医を合わせると2万人以上の医者がいたとされる。その数字だけを見ると医療体制は整っているように感じるかもしれないが、問題は質である。江戸時代には医師免許など存在していない。医者になるための特別な修業も知識も不要で、いわば誰でも医者になれた。あえて必要なものを挙げるとすればファッションで、頭を剃った坊主頭か、髪を束ねた束髪に、十徳という茶人などが着る上着を羽織れば、医者らしく見せることができた。

そんないい加減な江戸の医者であったが、身分制度の中では一般庶民よりもランクが高く設定されており、苗字を名乗ることと、帯刀が許されていた。この特権を手に入れるために医者になる者もいたため、江戸時代は藪医者が横行。診察を求められても「残念ながら手遅れ、ご愁傷様」と突き放すだけの者もいたという。

当時、医者選びの際に参考にされたのは、ほぼ〝経験〟のみであったようで、

「千人殺さなければ一人前の医者とは言えない」

という乱暴な言葉も残っている。

診察代は各医者が勝手に決めていた。もちろん、保険制度もないので超高額を請求されることも珍しくなかった。

江戸時代には、疫病退散の祈祷など怪しげな民間信仰が何度も流行した。藪医者に多額の治療費を払うならば、〝神頼み〟でなんとかしたいという気持ちも理解できなくはない。

ちなみに、8代将軍・徳川吉宗の治世では、無料で診察を受けられる小石川養生所という医療施設があった。貧しい者でも医療を受けられるという考えは画期的であったが、残念ながら療養所は吉宗の狙い通りには機能していなかった。

療養所内は風紀が乱れ、夜には職員が博打で盛り上がっていたという。さらに衛生的にも問題が多く、ノミ、シラミが大量に発生、病室には梅毒患者の膿の匂いが充満していた。そ

んな状態だったので、いくら金に困っている庶民も、進んでお世話になりたいとはなかなか考えなかったようだ。

●安政のコレラ騒動

公衆衛生が発展途上にあった江戸時代には、数多くの伝染病が大流行した。主なものを挙げると、麻疹《はしか》、天然痘、水疱瘡《みずぼうそう》、痢病《りびょう》（赤痢など、激しい下痢を伴う病気）。病が流行ると、治療を受けられない者たちが寺社の前に溢れ、物乞いをした。そうした光景は江戸では決して珍しいものではなかった。

江戸時代後期には、コレラが流行した。

インドから世界的な流行が始まったコレラだが、文政5（1822）年に、初めて日本国内で流行。そして、安政5（1858）年には、江戸で大流行した。コレラは発症すると、嘔吐し、激しい下痢が続く。やがて手足が冷たくなって震えが起き、絶命してしまう。発症から3日ほどで死ぬので、「三日ころり」などと言われた。当時は特効薬もなく、医者もお手上げであった。

コレラの流行により、火葬待ちの遺体が溢れかえった（『安政箇労痢流行記』）

医療の力でコレラを抑えることができないとわかると、人々は民間療法や神仏にすがった。当時、コレラ対策として流行ったのが、「にんにくの黒焼き」である。臭いが強烈なのでコレラ菌も逃げていくということであったが、もちろん効果があるわけがない。

江戸ではコレラによって1か月で1万20００人以上が亡くなったこともあった。コレラの日本国内での流行は4年ほども続き、江戸では約10万人、全国でも約50万人が命を落としたとされている。

コレラの流行時、江戸では火葬を待つ棺桶が山のように積まれ、そこから異臭が放たれていた。まさに地獄絵図のような光景が広がっていたのだった。

【町人もつらいよ　其の九】

残虐大名に苦しめられた！

●逆らったものは生き埋め、驚異の重税

時代劇に登場するような、領民を苦しめる悪い大名は本当にいたのか。

ほとんどの大名は質素倹約で慎ましく生きていたが、なかにはとんでもない残虐大名も確かに存在した。

大坂の陣での功績などから丹波福知山藩を与えられた稲葉紀通は、領民に重税を課して、反抗する者を次々と虐殺していった。さらに不満を見せた家臣は、妻子や親族とともに城の庭に首だけだして生き埋め。首に桶をかぶせ、毎日生死を確認した。

この悪行はやがて幕府の知るところとなり、周辺の大名に追討の命令が下される。紀通は

自害し、その後、家は断絶した。

他にも沼田藩主・真田信利は領民に驚異の税率の年貢を課したことで知られている。沼田藩は表高三万石程度だったが、信利は見栄を張って、強引に十四万石もあると幕府に申告。実際の石高との差を埋めるために、領民に苛烈な税を課した。その税率は、もっとも高い時で80パーセントにもなったとされる（当時の年貢の相場は「四公六民」で、領主に収獲した米の40％を収めていた）。

これには強い反発が起きたが、信利はまったく聞く耳を持たず、贅沢三昧の暮らしを送ったため、領民はますます窮乏した。その後、信利は幕府から命じられた仕事でミスをして、処罰され改易となった。

子どもは親を選べない〝親ガチャ〟などという言葉があるが、移動の自由が制限されていた当時の農民たちは、〝大名ガチャ〟で苦しめられたようだ。

●〝暴言〟が打ち壊しに発展

マリー・アントワネットは

天明の大飢饉における京都の飢民救済の様子（『荒歳流民救恤圖』）

「パンがないならお菓子を食べればいいじゃない」

との発言で知られている。

実際には彼女はそんなことを言っていないという説が有力だが、世の実相からかけ離れた発言をすれば、庶民から大きな反発を招くことは間違いない。

江戸時代中期には、天明の大飢饉（1782～1788年）と呼ばれる飢饉が発生した。浅間山の噴火などが原因で壊滅的な不作に陥り、全国で数万人もの餓死者が出たとされる。江戸でも米の価格が高騰し、庶民は苦しんでいた。

そんなときに、北町奉行の曲淵景漸《まがりぶちかげつぐ》は、窮状を訴える町人を前にして、こんな発言をしてしまう。

「米がないなら犬を食べろ。昔の飢饉では犬を食べていたのだ」

景漸はとても優秀な人物で、名奉行として江戸でも人気があった。

それだけに、この発言を知った江戸の民衆は大激怒。赤坂、四谷、青山、新橋、日本橋、神田と江戸中で打ちこわしが始まった。北町奉行所も取り締まりに動くが町民の怒りは収まらない。幕府は事態を収拾するために、困窮する町人に給付金を配布。それでようやく打ち壊しは収まった。

騒動の後、景漸は責任を問われて北町奉行を罷免された。近年の研究では、「犬を食え」との発言は民衆が流したデマだったとする説もあるが、言葉ひとつで打ち壊しに発展するとは、やはり食べ物の恨みは怖ろしいのだ。

【町人もつらいよ　其の十】

実は住みにくかった江戸！

●江戸の交通戦争

日本の中心都市として、西の大坂とともに発展を続けてきた江戸。しかし、そんな江戸ではあるが、手放しで住みやすいといえるような場所ではなかった。まず、問題なのが、多発する交通事故である。交通事故といっても、現代のように自動車やバイクがない時代。何が問題だったのかというと、大八車と馬だった。

大八車は一度に大量の荷物を運搬することができる、人力版のトラックのようなもの。江戸時代の中期には、3000台もの大八車が江戸の街を往来していたという。その大八車だ

『江戸名所図会』より大伝馬町木綿店。大量の荷物を載せた大八車が通行している。

が、ブレーキというものが存在しない。せっかちな江戸っ子が、荷物を積み上げて重くなった大八車を荒っぽく引けば、当然のように事故が発生する。

幕府は多発する大八車の事故を防ぐために、「乗せる荷物の分量を減らすように」と運搬業者に通達。享保元（１７１６）年には、大八車などの荷崩れが原因で人が亡くなった場合は、関係者を流刑にすることとした。

一方、馬の事故の方は身分差のある江戸時代特有の問題を起こしていた。

基本的に馬に乗っているのは武士である。その武士の馬と接触して怪我をしても、庶民は身分の違いから補償が受けられるとは考えにくい。庶民としては馬との事故は絶対に避けたかったはずだ。

　時代劇でのどかな町並みが描写されることもある江戸の街だが、現在と同じように交通事故には細心の注意が必要であったようだ。

●物価が高すぎる江戸の街

　江戸の街の物価は、地方と比べると極端に高かったといわれる。

　その大きな理由が江戸は武士の割合が多い街であったからだという。

　参勤交代等の影響で地方都市に比べ、江戸には多くの武士がいた。武士の基本的な仕事は、有事の際の戦闘員。しかし、江戸時代のように平時が長く続く世では、まったく生産性がない存在となった。

　そんな武士が多いということは、江戸もまた生産性が低いということになる。江戸の街では、日用品や食糧など、生活に必要な物資の多くを地方から取り寄せてまかなっていた。当時は現代とは比べ物にならないほど、輸送に手間がかかる。余所から取り寄せるということは、当然、その手間がかかっているので、運賃などが通常の代金に加算される。その結果、江戸の街の物価は上昇した。

江戸の街の物価上昇には、武士たちのメンタルも影響していた。武士の世界では値切ることは〝恥〟だったため、値段の交渉をすることがない。基本的に相手の言い値で買っていくのである。これに味を占めた江戸の商売人たちは、どんどん価格をアップさせて、武士に物を売りつけていった。

江戸の街の物価がどれほど高かったのか。

文政６（１８２３）年に来日したドイツ医師のシーボルトは、江戸の街は地方と比べて５倍高かったと語っている。

もちろん、時代によって物価の変動差はあったはずだが、５倍といえば地方のコンビニで売っている１００円のおにぎりが、江戸だと５００円ということになる。現在からは考えられないような物価の地域差だ。

【町人もつらいよ　其の十二】

切支丹には容赦ない拷問！

●容赦がなかったキリシタンへの拷問

江戸時代は現在と違い信教の自由がなかった。象徴的なものがキリスト教の禁止だろう。慶長17（1612）年に徳川家康がキリスト教禁止令を発令。その後も、毎年のように徹底的にキリスト教徒弾圧の命令が下されている。

歴史の教科書で隠れキリシタンを見つけるために「踏み絵」が用いられたことが、イラストつきで紹介されていたことを覚えている方も多いだろう。しかし、実際にキリスト教信者に行われたことは、とても子どもに見せられるようなレベルではなかった。

キリスト教信者が捕らえられると、改宗を迫られる。改宗することを「ころび」といった。

穴吊りされる中浦ジュリアン（左）。中浦ジュリアンは、戦国城主の息子として生まれ、天正遣欧少年使節に参加。帰国後は司祭として、キリスト教が禁止される中も布教に努めたが、穴吊りに処されて、4日目に殉教した。（A・F・カルディム『日本殉教精華』）

しかし、禁止されている中でも、非合法に信仰を持ち続けていた信者たちはそう簡単に「ころび」に応じない。そこで行われたのが、常軌を逸した拷問だ。キリスト教弾圧に対しては、競うように新たな拷問が生まれた。

キリシタンに対して「穴吊り」はよく行われた方法だ。深い穴を掘り、そこに逆さに吊される。数日間、そのままの状態にされると、血が逆流し、顔面が膨れ上がる。両目は飛び出し、目、鼻、口、耳から血が出てくる。

「蓑踊《みのおど》り」という拷問は、簑を着せられ、両手が縛られ、火をつけられる。火だるまとなって転げ回る姿を見て、役人たちは楽しんでいたという。

キリシタンの若い女性に対しては、「蛇責」という拷問も行われた。蛇がたくさん入った桶の中に入れられ、周りから役人が

島原・雲仙地獄でのキリシタン虐殺（モンタヌス『日本誌』）

棒で桶を叩く。興奮した蛇は、桶に入った女性に巻きついたり、噛みついたりした。

相模小田原藩の初代藩主・大久保忠隣《ただちか》は京都で捕らえた隠れキリシタンを俵で縛り上げると、首だけ出して河原に積み重ねた。そのままま食事も与えず放置し、「ころび」を迫ったという。

●処刑の方法も異常

キリシタンが「ころび」に応じず、抵抗し続けるといよいよ処刑されることになる。

このときの処刑方法も、やはり一般的なやり方でなく、より残虐な方法がとられた。

「火あぶり」はよく、キリシタンに用いられた方法だ。

ただでさえ残酷な処刑だが、キリシタンであれば、さらに〝工夫〟が施された。まず、薪を通常よりも減らして、水をかけて火の勢いを調整した。さらに薪は普段の位置よりも遠くにしていた。これは炎を〝とろ火〟にすることで、処刑されるキリシタンをできるだけ長く苦しませようという〝配慮〟である。

江戸時代初期に大和五条藩主を務めた松倉重政は、3代将軍・家光の「もっと厳しくキリシタンを処罰せよ」という檄に応え、島原のキリシタンを「温泉岳地獄の責苦」という方法で処刑している。これは雲仙地獄に裸のまま立たせ、背中を斬る。そして傷口に熱湯を注ぐ。さらに地獄谷に突き落とし、引き上げるということを繰り返す。やがて体中がただれ、皮膚は剥がれ、亡くなっていった。そのほか、重政はキリシタンの顔に「切」「支」「丹」という焼《や》き鏝《ごて》を押したり、指を切り落とすといったこともしていた。

東北では、吹雪の中で川に漬けて凍死させる処刑や、虎の檻にキリシタンを入れて殺した話も残っている。

想像するだけで震え上がりそうな拷問や処刑方法だが、これがキリシタンに対して江戸時代に行われていたリアルだ。

【町人もつらいよ　其の十二】

まるで奴隷の丁稚制度！

●過酷な丁稚の生活

労働組合も労働基準監督署も、そしてそもそも労働に関する法律も整備されていなかった江戸時代。商家の奉公人たちの生活は決して恵まれているものではなかった。

都市部の子どもや農家の跡取り以外は、10歳になると奉公を考える。奉公先となるのは大きな商家だ。丁稚として住み込み、商人としての仕事を覚えた。

住み込みであるため、基本的に仕事は24時間体制。食事と季節ごとの着物は与えられたが、就寝は他の丁稚と同じ部屋で雑魚寝、休日は年に2日程度であった。

現在であれば、即座に労働環境改善の行政指導がなされそうなブラックな待遇だが、さら

商家に住み込みで働く子どもたち（歌川国芳『教訓善悪子僧揃』）

に驚かされるのが、給料がほぼゼロだったこと。せいぜいもらえてもお小遣い程度で、この生活が一人前の戦力として認められるまで約10年間も続くのである。

●悪徳人材派遣業

江戸の街では建設や土木工事のために安定的な労働力の確保が求められていた。そこで活躍したのが、江戸時代の人材派遣業である「口入れ屋」だ。

当初は、とび職の頭などが人を集めていたが、それでは間に合わず専門の業者が誕生する。「口入れ屋」はやがて、武家の中間《ちゅうげん》（武家に仕えていた雑用係）や参勤交代の助っ人なども派遣するようになった。

重宝されていた「口入れ屋」だが、人材派遣に関する法律も整備されていないため、荒っぽい手法で労働力をかき集めていた。

江戸幕府は人身売買は禁止していたが、これには抜け道があり、借金のカタに労働することは禁止されていなかった。「口入れ屋」は、この法の抜け穴を突いて、格安に労働力を確保して、法外にピンハネをして儲けていた。

しかし、そんな「口入れ屋」も楽な商売ではない。

庶民もこの悪徳さは理解をしていたようで、「口入れ屋」は後ろ暗いヤクザな仕事と見られていた。さらに、「口入れ屋」が連れてくる者の中には、お尋ね者が混じっているケースも多く、奉公先で問題を起こすことが少なくなかった。トラブルを起こしたり、逃走されたりすると、「口入れ屋」が責任を取らされ、処罰されることもあった。

兎にも角にも、労働に関する法整備がなかったこの時代、歯を食いしばって過酷な環境に耐えるしかなかったのだ。

【第三章】

女性もつらいよ

【女性もつらいよ　其の二】

恋愛や結婚の自由がゼロ！

●婚姻の自由はない

江戸時代には婚姻の自由は存在しなかった。

武士と町人など、身分差がある婚姻が困難であったことは想像できるかもしれないが、それ以前に、自由な恋愛結婚というもの自体が存在しなかった。

現代の場合は、いくら親族から反対を受けようとも、法的には本人たちの意思が尊重される。しかし、江戸時代はそう簡単には物事は進まない。特に武士の場合は、大名はもちろん、足軽でさえも結婚は許可制であったため、自分たちの意志が通らないことも多々あった。

自由意志による結婚がいかに困難であったか、こんな話が残っている。

不義を働き、親元に帰された娘（『徳川幕府刑事図譜』）

武士の娘がある男の子どもを身ごもり、駆け落ちをした。娘の父親は2人の関係を許可していないと激怒。娘を捜し回り、見つけると家に連れ帰った。しかし、娘は10日もしないうちに再び家を出てしまう。すると父親は奉行所へ、娘のことを訴え出た。

娘の結婚を認めるか、認めないかという家族間のゴタゴタである。現代であれば、この程度のことで警察に相談しても、特に事件に発展しそうな気配がなければ、

「いやいや、お父さん、そういうことは娘さんと良く話し合って下さいよ」

と、多少呆れられて諭されることだろう。

しかし、江戸時代の奉行所は違う。

「娘として不埒な行為。叱責して親に引き渡

心中事件が増えるきっかけになった「曽根崎心中」（一陽斎豊国『俳優似顔東錦絵』）

す」

という裁定が下された。

家の当主である父は絶対的な権力を持っており、その父に逆らうことは法的にも許されない。父の意思にそぐわない恋愛は、公的機関から〝叱責〟される言語道断なことであったのだ。

●心中の方法

恋愛を成就させることができなかったカップルが選ぶ最悪の道は、心中だ。

近松門左衛門の名作『曽根崎心中』は、実際に起こった心中事件をもとに描かれた作品だが、クライマックスで男が女を刺し殺し、自らも喉をついて自殺している。だが、実際は刃物を使った心中は成功率が低かったという。刃物は素人だと使いこなすことが難しいことに加え、一度血で濡れると固まってしまい、切れ味が悪くなってしまうのだ。

そのため、確実に思いを遂げたいカップルは、川への身投げを選んだ。江戸には〝心中の名所〟とされる橋があり、身投げする者が絶えなかった。そこで幕府は橋の真ん中に監視小屋を建てて取り締まったが、それでも心中はなくならなかった。

また、江戸時代は心中に対する世間の風当りが非常に厳しかった。心中をした者は、葬式をあげることができない。どちらかが生還した場合、生き残った者は死罪になり、2人とも生還した場合は3日間さらし者にされたうえで非人の身分にされた。

ちなみに8代将軍・徳川吉宗は「心中」という言葉の使用自体を禁止している。「心中」からは「忠」の字が連想できるからというのが理由で、法的には「相対死《あいたいじに》」と記載された。

【女性もつらいよ　其の二】

不倫をするのも命がけ！

●江戸の不倫事情

芸能人などの著名人が不倫をして、その事実が公になると、社会的地位が一気に失墜し、仕事を失うケースがある。

大騒動に発展し、タレントなどが涙を流しながら謝罪会見をするのは、現代ではお馴染みの光景だ。

そんなとき、

「不倫くらいで大騒ぎしなくても……。昔はもっとおおらかだったのに、世知辛い世の中になったもんだ」

江戸時代の艶本のワンシーン。浄瑠璃に夢中になる主人（右）、襖を隔てた隣の部屋では妻が間男と密会している（歌川国芳『逢悦弥誠』）

といった意見が聞かれることも少なくない。

しかし、「昔はおおらか」というのは本当なのか。

現代は、不倫で社会的評価が落ちることはあっても命まで取られることはない。しかし、江戸時代の不倫は命懸けだったのだ。

江戸時代、夫が妻の不倫の現場を押さえた場合は、殺害しても「構い無し」とされていた。この「構い無し」というのは、裁判などの必要がないということ。ようするに不倫は死罪であり、その場で始末しても問題がないとされるような重罪であった。

とくに主従関係にある者の妻に手を出した場合は、特に厳しい処分が下される。不

歌舞伎・浄瑠璃の『桜鍔恨鮫鞘（さくらつばうらみのさめざや）』をもとに描かれた『英名二十八衆句』の古手屋八郎兵衛（左）。八郎兵衛に金銭を工面するため、別の男と一緒になろうとした妻。しかし、それを知らない八郎兵衛は妻の不貞を疑い、斬り殺してしまう。

倫をした2人が市中引き回しをされて、男の方は獄門となったケースもあった。

●不倫に温情を見せてはならぬ

夫が妻の浮気相手に温情をかけた場合、さらにややこしいことになる。

ある侍が妻の浮気現場を押さえ、一度は妻の浮気相手を見逃すも、すぐに再び2人が仲むつまじく歩く姿を見つけてしまう。さすがに激怒した侍は妻の浮気相手をその場で斬り殺した。妻はその場からすぐに逃げ、行方をくらました。

この件で、浮気相手を殺した侍は奉行所から、三十日間の押込処分（家の出入口に戸を立てて、自発的に引きこもる罰）

を言い渡されている。

「不倫されたとはいえ、人を殺すのはやり過ぎ」ということについての罰ではない。最初に不倫を発見した際に、なぜ浮気相手を斬らなかったのかということが問題視されての処分であった。さらには、浮気した妻が逃げたことから、「なぜ妻も殺さなかったのか」とも非難されてしまった。妻を手にかけなかったのは、どこかに未練や温情があったのかもしれない。しかし、不倫をされたのに、そうした人間の情を見せるのは、江戸時代では許されないことだった。

ちなみに、江戸時代初期には男性が離縁して1か月以内に新妻を迎えた場合、別れた妻が新妻を襲撃する「後妻打《うわなりう》ち」という風習があった。

元妻は自らの親族を数十人引き連れて新妻の元へ向かい、家財道具などをボコボコに破壊してしまう。新妻が怯えて隠れていると、やがて夫と新妻の仲をとりもった仲人が登場して、元妻をなだめる。元妻は仲人の説得を聞き入れて、引き返していく。

実は、この襲撃は事前に新妻へも知らされていた。すべて分かった上で行なう、ある種のセレモニーのようなものであった。かなり荒々しいが、そうやって暴れることで元妻は自身の離婚と元夫の再婚を受け入れることになった。

【女性もつらいよ　其の三】

御姫様だって厳しい生活！

●御台所の○○○は臭すぎる…

将軍の正室は御台所《みだいどころ》と呼ばれており、彼女たちには専用のトイレが与えられていた。将軍の正室ともなれば、この程度の特別待遇は当然とも思えるが、御台所が自分専用トイレを安らぎの場と感じていたかといえば、そうとは思えない。

このトイレは、とても深い穴であった。正確な深さは不明だが、汲み取る必要がないような深さであったという。他のトイレは汲み取っていたので、御台所の〝便〟だけ人目につくことがなかった。〝便〟を人目には触れないようにするのは、ファーストレディーへの配慮とも見てとれるが、汲み取らないために〝便〟は溜まり続け、その結果、御台所専用トイレに

中臈たちの手を借りて着替える御台所（橋本周延『千代田之大奥 お召かへ』）

はキツイ臭いが漂い続けた。あまりにくさいので用を足すたびに苦痛を強いられることがないよう、常に香が焚かれていたほどだった。

そして、キツイ臭いの中、御台所が我慢をして用を足している際に、隣の部屋ではお付きの女性が待機している。彼女たちには、トイレの穴に御台所が落ちてしまった際に助けを呼ぶという仕事とともに、御台所のお尻を拭くという任務があった。

将軍は自分でお尻を拭いていたので、これは御台所だけの独自ルールである。はたして、この行為を御台所たちが、至れり尽くせりのＶＩＰ待遇と喜んでいたのだろうか。

「自分のお尻くらい、自分で拭かせて！」

と言いたかったのではないかと想像してしまう。

〝便〟だけでなく、身分の高い姫たちには〝屁〟にも独特なルールがあった。江戸時代では、人のいるところで放屁をすることは、現代以上に下品な行為とされていた。もし、女性が人前でおならをしてしまうと、「放屁娘」などと呼ばれる。これは現代の小学生がクラスメートにからかわれるという程度の話ではなく、その女性の家名に傷がつくレベルの事件になる危険性があった。

そこで名家の女性には、屁負比丘尼《へおいびくに》と呼ばれる年配の尼が付き添っていた。もし、おならをしてしまった場合、この屁負比丘尼が

「私がおならをしました」

と申告をして、女性たちの名誉を守った。

排泄にしても放屁にしても生理現象のひとつ。当たり前にあることで面倒を強いられていた女性たちは気の毒としか言いようがない。

●側室の立場

将軍や大名は、正式な妻である正室以外に、側室を持つことが一般的であった。それは〝英雄、色を好む〟からではなく、彼らの最大の仕事が、子どもを作って家名を存続させること

であり、その可能性を高める必要があったからだ。

しかし、側室たちは、正室と比べると身分的にはかなり下に見られていた。たとえば、大名の正室が子をもうけると家臣団からお祝いされるが、側室が子どもを産んでもとくに祝われることはなかった。正室は大名の家族であるが、側室は家族として認められていなかったことがその理由だ。側室の子が大名の後継者に指名された際に、初めて彼女たちは家族の一員として扱われることとなった。

このように扱いに差があった正室と側室だが、将軍が亡くなると喪に服すのは一緒だった。正室と側室は髪を将軍の棺に収め、院号を与えられ、残りの人生は将軍の冥福をただ祈り続けるという毎日を送った。住む場所や食事は不自由なく与えられるが、基本的には外出禁止。まさに〝かごの中の鳥〟として一生を終えさせられる。もちろん、再婚なんて自由は与えられなかった。

ある元側室が植木職人と恋愛関係になったことがあった。現代であれば、夫は亡くなっているので恋愛をしようと再婚をしようと個人の自由であるはずだ。しかし、この元側室は、その情報を耳にした兄によって殺害されている。

【女性もつらいよ　其の四】

大奥は嫉妬とイジメの世界！

●大奥にあった深刻なイジメ問題

将軍の妻や女中が生活をする大奥。

この閉ざされた特殊な世界は、たびたびドラマや映画の舞台になってきた。その中では、女性同士のドロドロとした〝仁義なき戦い〟が描かれるわけだが、実際に大奥はドラマ顔負けの嫉妬やイジメが渦巻く、ハードな世界だったようだ。

大奥でもっとも多かったもめごとが、誰が将軍の寵愛を受けるのかという争い。

将軍の寵愛を受け、男児を授かることができれば、その女性の一族が繁栄することができる。大奥の女性たちは一族の命運を背負ってきているので、嫉妬も相当なものであった。イ

華やかな世界ほど、裏に回れば怖い（橋本周延『千代田の大奥　歌合』）

ヤミを言われる程度ならかわいいもので、妊娠した者が突き飛ばされることもあったという。

そんな大奥、女性たちのストレスは並大抵のものでなかったことは想像できるはずだ。そのガス抜きのためか、大奥では年間50以上の定期イベントが開催されていた。

たとえば新春に行なう「豆まき」は、最後に鬼役の男性を取り囲み、布団でぐるぐる巻きにすると、歌をうたいながら鬼役を胴上げした。想像するとかなり異様な光景だが、こうしたイベントがストレスの解消になっていたのだろう。

数あるイベントの中で大奥の女性たちが一番楽しみにしていたのが、〝新人イジメ〟として知られている「新参舞《しんざんまい》」だ。

正月の夜に新人の女中たちが集められ、大奥の女性陣の前で裸踊りを披露するという行事で、大いに盛り上がったらしい。

もともとは、新人で体に入れ墨をしている者がいないかを調べるための〝身体検査〟が目的であったが、それが先輩たちのストレス解消のイベントに変化した。裸で踊らされる新人は、かなりの精神的な苦痛を受けたに違いない。

●莫大な衣装代と鉛中毒

大奥では衣装での見栄の張り合いも大変だった。

大奥の女性たちには「合力金《こうりょくきん》」という給料が公式に支給されていたが、それだけではとても追いつかない。また大奥の女性には、便宜を図ってもらうことを期待して様々な賄賂も届いたそうだが、それでも足りない。

周囲と比べて粗末な格好をしていては、将軍の目には留まらない。それにイジメの標的にされるかもしれない。とにかくファッションは大奥の女性にとって非常に重要だった。そこで実家に衣装代の仕送りを頼むことになる。これは実家にとっても大変な負担になった。個人的なオシャレのためではなく、大奥で生きるために自身の給料や支給される経費を超えて

春日局

着飾らなければならない。優雅に見える大奥だが、彼女たちの金銭事情は衣装代でカツカツだった。
また、大奥は衛生的に見ても問題があったと言われている。
大奥の創設者である春日局が疱瘡の跡を隠すために〝厚化粧〟をしていた。それが伝統となり、大奥の女性は〝厚化粧〟をするのが習わしとなった。しかし当時、化粧に使われていた白粉には有害であった鉛白《えんぱく》が用いられていたため、抱かれた乳児がなめてしまうと危険であった。実際、13代将軍の徳川家定は鉛中毒であったと言われている。
大奥の暗部を知ったうえで、あらためて大奥を舞台にした映像作品を見ると、より深くドロドロとしたストーリーを感じることができるだろう。

【女性もつらいよ　其の五】

吉原遊郭の残酷な実態！

●華やかな世界の裏側

近年は人気アニメの舞台になるなどして、広く認知されるようになった遊郭。その代表的な場所が、江戸時代に現在の東京都台東区千束三丁目から四丁目にかけて存在した吉原遊郭だ。

ここでは売春街である吉原の、リアルな実像に迫ってみたい。

江戸時代の遊女たちは、口入れ屋の斡旋を受けて、10年間、年季奉公として働くことが一般的であった。

報酬は親族らに一括で前払いされているため、基本的に給料はない。食事と寝る場所は与

喜多川歌麿『吉原の花』

えられていたが、自身の自由になるお金は客からもらうチップ程度であったという。10年間の奉公の中で、ほとんどの遊女が性病に感染した。

当時は性病に対する医学的な知見がまだなかった時代、ひとたび性病に罹患すれば、まず治らなかった。『解体新書』で知られる杉田玄白は、著書の中で梅毒の患者を年間数百人も診察したと明かしている。これも全体からするとごく一部のデータであるはずだ。

吉原内では一応治療法らしいものもあったが、科学的根拠のない民間療法なので、効果はほとんど期待できない。いよいよ、重い病を患っても遊郭の外に出て治療を受けられるのは一握りの高級遊女ぐらいで、大部分の遊女は粗末な部屋に押し込められた。

性病の他には、結核も流行した。遊女は粗食であったため、栄養失調の者も多い。劣悪な環境の中、多くの遊女が20代の若さで命を落とした。

遊女の中には、遊郭での暮らしに耐えかねて脱走を試みる者もいた。しかし、その多くは失敗して捕まり、年季を増やされるなどの懲罰を受けた。客と恋仲となった遊女は、決して結ばれることがない現実に絶望し、心中をする者もいた。

そして、生前にいくら着飾った遊女でも、その最後は悲惨だ。

江戸時代の身分制度の中では最下層に位置している遊女たちは、亡くなると〝投げ込み寺〟と呼ばれている三ノ輪・浄閑寺、新宿・成覚寺などで名もなき仏となった。その名の通り、多くの遊女たちは亡くなれば、モノを扱うように投げ込まれた。

ただ、投げ込み寺なら供養されるだけ、実はまだマシだった。遊女が亡くなると敷物に包んで、隅田川にそのまま捨てられるといったケースも少なくなかった。

●支払いができなかった客への制裁

桶伏せ（宮武外骨『奇想凡想』）

ここからは、吉原で遊ぶ客側の話題にも触れておこう。遊興費の支払いができなかった場合、客にはとんでもない〝私刑〟が待っていた。

現在であれば、サービスの対価としての支払いが不可能だということが明らかになれば、ただちに警察を呼んで粛々と対処をお願いすることになるはずだろう。しかし、当時は問題を起こした客に店側が私的な制裁を加えた。

よく知られているのが「桶伏せ」だ。これは支払いができなかった客を桶の中に入れて、そこに大小便を垂れ流すというもの。親族が支払いにくれれば解放されたようだが、わずかな食事を与えられるだけで、数日間はこの状態でさらされたという。問題を起こせば、とんでもない羞恥プレイで制裁されたのだ。

【女性もつらいよ　其の六】

一回５００円の風俗嬢がいた！

●舟饅頭と夜鷹

吉原遊郭は幕府も認めた売春街であったが、他にも江戸の街には売春を生業とする女たちがいた。

岡場所と呼ばれる非公認の遊里が、多い時では江戸だけで約50か所も存在していた。岡場所は吉原と比べて割安なのが特徴。吉原で遊ぶためには、最大で１０００万円近くもかかったが、岡場所なら高くても２万円程度、安ければ３０００円くらいだった。

その岡場所よりもさらに安く遊べたのが、舟饅頭《ふなまんじゅう》と夜鷹《よたか》だ。

舟饅頭は川舟で売春をする方法で１０００円ほど。さらに街中でゴザ１枚を持って商売を

舟饅頭（曲亭馬琴『世諺口紺屋雛形』）

する夜鷹だと、当時の蕎麦代とほぼ同じ値段で500円ほどであったという。

もちろん、値段が安くなればリスクは相応に高くなる。夜鷹は年齢的な問題で岡場所などで働けなくなった者が営んでおり、ほぼ間違いない確率で性病を患っていた。当時、もっとも恐れられていた性病が梅毒で、この病気は末期症状になると鼻が欠ける。

そんなことから、

「夜鷹と遊ぶと鼻が落ちる」

などと言われた。

また非合法の売春であるため、売春婦たちは何か事件が起きても奉行所に訴えることができない。訴えてしまえば、まず最初に自分たちが罰せられる可能性があるからだ。そん

左下に巻いたゴザを背負った夜鷹らしき女性がいる（曲亭馬琴『世諺口紺屋雛形』）

なことからも、商売をする女性側も、客の男性も事件に巻き込まれるリスクが大きかったという。

●非合法の売春が存続できた理由

岡場所などの非合法な売春は、松平定信の「寛政の改革」、水野忠邦の「天保の改革」によって根絶やしにされている。しかし、江戸の歴史を見てみると、そうした取り締まりが行なわれるのは、実は稀だった。

町奉行は、何度も吉原の正規の売春業者から「商売の邪魔になるから、非合法売春を摘発してほしい」と頼まれていた。しかし、奉行所はなかなか腰を上げない。

理由は、岡場所があったエリアにあった。

当時の非合法な売春は、寺社の前で行なわれることが多かった。寺社で売春というと罰当たりに思えるが、そこには当然、理由がある。寺社の近辺は寺社奉行の管轄になるため、町奉行の捜査が及びにくかったのだ。

また、非合法の売春組織は町奉行所に袖の下を渡して懐柔もしていた。捜査する側と捜査される側がこのようにガッツリと手を組んでいては、取り締まりも進まないわけだ。

ちなみに、江戸には陰間《かげま》と呼ばれる男娼もいた。

役者に弟子入りさせるという建前で、15歳程度の少年を貧しい浪人や町人の家から買ってくる。一応、ある程度の芸事は覚えさせるが、16歳、17歳くらいになると、顔に白粉、口紅をつけて女性を相手に商売をさせた。現代では、18歳未満の者を性的なサービスに従事させることはもちろん違法行為である。しかし、江戸時代では半ば暗黙の了解として、この男娼ビジネスが存在していた。

売春など性を売ることは、人類最古の仕事と言われ、人間が生き続ける限りなくならないとも言われている。ただ、そうは言っても江戸時代の売春は、過酷すぎる仕事であったと言わざるをえないだろう。

【女性はつらいよ　其の七】

関所では超厳しい取り調べ！

●改め婆の取り調べ

「入鉄砲《いりでっぽう》に出女《でおんな》」という言葉がある。

幕府は江戸に武器が持ち込まれることと、各藩の江戸屋敷の妻子が江戸から抜け出すことをとても警戒していた。

幕府は大名の妻子を江戸で人質として留め置くことで、大名の謀反を防いでいた。その大切な人質に逃げられてしまっては、幕府の体制を揺るがす事態になりかねない。そのために関所では、女性の出入りを特に警戒したのである。

その警戒具合は、関所での扱いに如実に表れていた。男性なら帰路の手形は不用だったが、

福島関所（安藤広重『木曽街道六十九次』）

女性は行きも帰りも手形が必要だった。また、関所には「改め婆」と呼ばれる女性専用の調査官がいた。彼女たちは関所番士の女性親族や近隣の女性住民で、不審なところがないか、通行する女性をチェックした。

改め婆はまず、関所を通る女性の髪を解いて調べた。女性たちの長い髪の中に密書が隠されている可能性があったからだ。せっかくキレイに髪を結っていたとしても、ここでボサボサにされてしまう。さらにチェックが厳しい場合は、衣服を剥ぎ取られ、乳房に触れられたりすることもあった。

江戸時代には旅行の自由がなかった、とはよく言われる話だ。しかし、関所を通る度にこんなセクハラまがいの調査を受けなければならなかったとは……。当時の女性は、関所を通るたびにうんざりさせられていたことだろう。

●幕府の異常な警戒

関所の役人は、かなり細かかったらしい。

ある独身の女性が関所を通過しようとした。彼女は22歳。独身なので振り袖を着ていた。手形には「女」と書いてあった。しかし、当時、手形には独身の女性であるならば「女」ではなく、「小女」と書く決まりがあった。本人に悪意はなく、書類上の不備というだけであったが、女性であったことから厳しい取り調べを受けることになってしまった。

旅の道中で女性が出産した時などもひと悶着起きた。

産まれてきた赤ん坊が男の子ならば、とくに問題はない。

しかし、女の子だった場合は、

「女性の人数が変わっている。何か怪しい」

と足止めをされる。

冷静に考えて、女の子の赤ん坊が幕府を転覆させるような事件を起こすとは考えられないのだが、これも江戸時代の関所が女性に対して、かなりピリピリしていたことを感じさせるエピソードと言えるだろう。

また、関所では女性の変装も警戒していた。

虚無僧も女性でないことを証明するために、関所では深編み笠を取らなければならない。彼らは宗教上の理由から、人前では顔を見せなかったが、自身が女性でないことを証明するためには、指示に従うしかなかった。また、元服前の男子は前髪を垂らしている髪型であるため、女性が変装しやすい格好であったので、こちらも特に厳しく取り調べられた。

見方を変えれば、この過剰ともいえる関所があったからこそ、江戸幕府が200年以上続いたと見ることもできる。ただ、女性が旅をしにくかったことは間違いないだろう。

【女性はつらいよ　其の八】

乱暴されても泣き寝入り！

●量刑が決まるのは被害の残虐性ではない

強姦は江戸時代も厳しく罰せられる犯罪であった。

8代将軍・吉宗の時に決められた刑罰では、強姦をした者は死刑、または追放刑である。しかし、その処罰感情は必ずしも現代の感覚と同じかといえば、そうではなかった。そもそも江戸時代の強姦に対する量刑は、犯行の残虐性や加害者の常習性などから決まるわけではなかったのだ。

では、何によって量刑が決まったかと言えば、〝被害者の立場〟が注視されたのである。

この時代、基本的に被害者が人妻であれば死刑となり、未婚であれば追放刑となる。つま

り、女性の人権を侵害したという観点からの刑罰ではなく、女性の背後にいる一族に配慮しての罰則だった。

江戸時代は、人々にとって家の存続が大きなテーマであった。

もし一族の女性が強姦の被害に遭った場合、夫以外の子どもを妊娠する可能性がある。そんなことが起きてしまっては、〝一族〟の血筋という観点から見て一大事となってしまう。

そのことこそが、夫のいる女性を強姦した者が厳しく罰せられる理由だった。

●強姦された女性が処罰される

強姦という犯罪は、被害者が自ら訴え出るのが難しい面がある。

被害にあったことが明るみに出ることで、様々な二次被害が生じるからだ。

しかし、江戸時代にはそのために被害に遭った女性の方が罰せられるという、信じられない事件も起きている。

江戸時代中期、寛政年間の話である。

人妻が顔見知りであった男に山中で強姦された。

この時、被害に遭った女性は役所に訴え出ず、夫にも報告をしなかった。泣き寝入りをしたのである。

しかし、事態は思わぬ方向に展開する。加害者の男が後に放火で逮捕されると、これまでの悪行を告白。実は女性を強姦したと明かしたのだ。役所が被害を確認すると、女性の方もその事実を認めた。

すると、なんとその女性は「急度叱《きっとしかり》」という罰を受けることになった。「急度叱」は口頭注意程度の軽い罰だが、本来ならば、守られるべきである被害者が罰を受けたということは、現代の感覚からすればまったく理解に苦しむ。

この女性が罰を受けたのは、家族の長である夫に強姦にあったことを報告しなかったのはけしからん、ということが理由であった。

江戸時代においてもっとも大切で守るべきものは〝家〟であり、女性の人権などは考慮の対象とされていなかったことが、この事件からも見ることができる。

【女性もつらいよ　其の九】

怪しい避妊・中絶法が流行！

●江戸時代の避妊と中絶

色々と厳しく制限された中でも、色恋沙汰に興味があった江戸の人々。望まない妊娠をどう防ぐかというのも、大きな関心事のひとつだった。

江戸時代には、様々な避妊法が実践されていた。

当時の避妊薬としてよく知られているのが、「朔日丸《ついたちがん》」という薬である。これは毎月の一日に飲めばその月は妊娠しなくなるという丸薬で、比較的安価だったことから江戸の女性の間で流行した。しかし、しょせんは江戸時代の薬。効果は疑わしい。

他にも遊女は和紙を重ねて唾で固めたものを膣内に入れるなど、怪しげな民間療法が流行ったこともあったようだが、科学的根拠に乏しいもので、実際に効果があったとは思えない。結果として、江戸時代は望まない妊娠を防ぐことは難しかった。

そして、望まない妊娠をしてしまったらどうするのか。

まず女性たちは「女医者」という産婦人科に相談をしにいく。当時は堕胎を禁止する法律があり、協力した医者も処罰される決まりだった。そのため、「女医者」は結婚に反対する妊婦の両親を説得するなどして、出産できるように取り計らうこともあった。

ただ、男女には様々な事情があるため、すべて丸く収まらないこともある。どうしても堕胎を希望する場合、妊婦が頼ったのが「中条流」という医者だった。

「中条流」は堕胎専門の医者である。法律で禁止をされていても多くの需要があり、長屋の共同トイレには、「中条流」のチラシが堂々と貼られていた。そして、「中条流」の医者たちは蔵が建つほど儲かったとも言われている。

「中条流」の堕胎の方法は、師から弟子へと伝えられていた。一部の資料によると、水銀が含まれていたともいわれる秘薬を妊婦の中に押し込み、それで胎児を腐らすというかなり手荒な方法を取っていた。こんな乱暴な方法では妊婦側のダメージも相当なものであったことが想像できる。

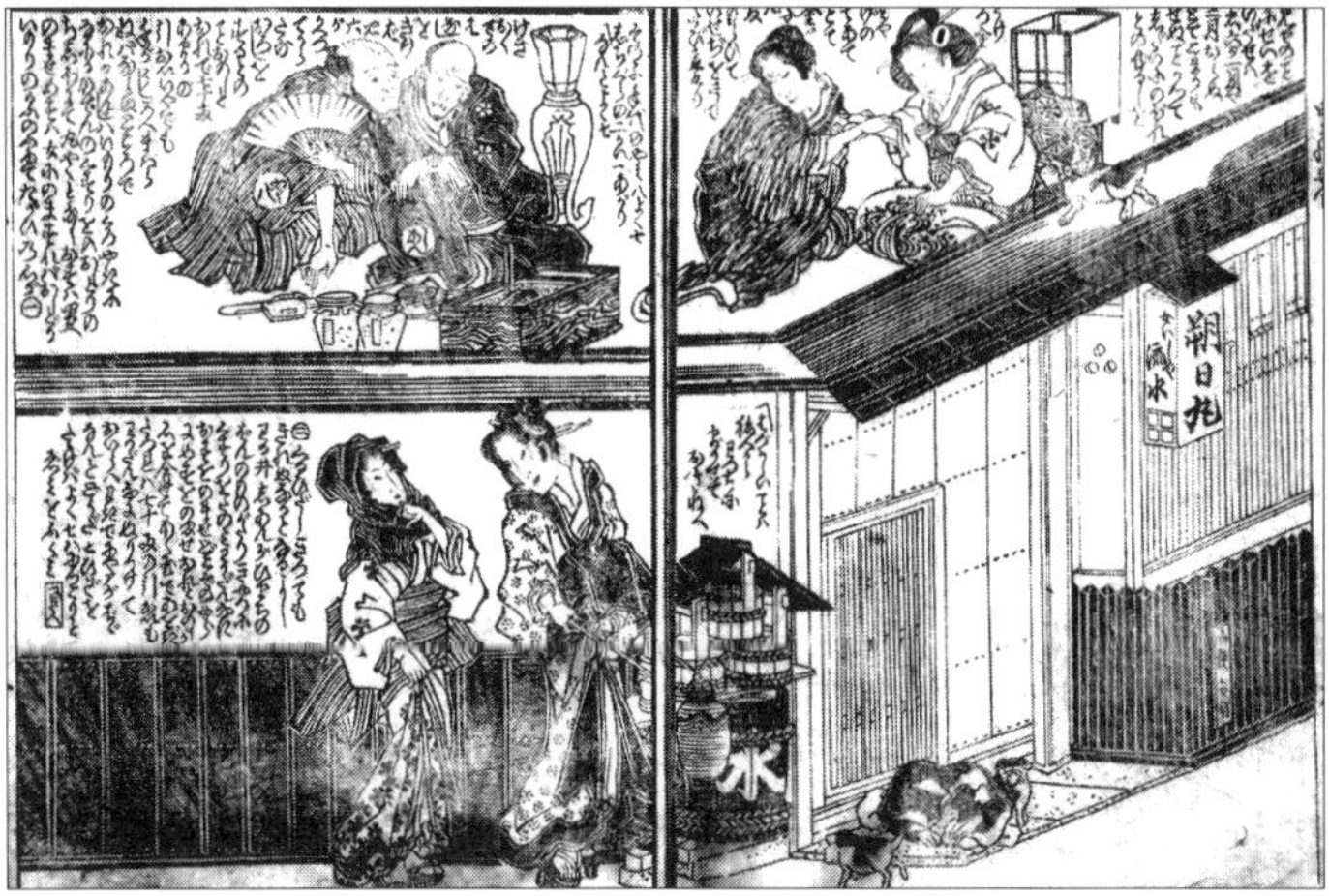

右側に「朔日丸」の文字が見える（山東京山『北里花雪白無垢』）

●農家も武家も間引き

専門の医者に頼んだとしても、医学が発達していない江戸時代では、堕胎はとても危険なものであった。そこで望んでいない子どもに対する、安全な〝始末〟の方法として用いられていたのが「間引き」である。

間引きは、産まれてすぐの赤ん坊の鼻の穴に濡れた和紙を入れて窒息死させたり、足で踏みつけたり、臼で押し殺したりする方法がとられた。そして、赤ん坊の死体は親や産婆が俵に入れて、川に流す。当時は、生まれたばかりの赤ん坊は、人間として扱わないという、なんとも身勝手なルールがあった。そのため、殺す側も罪悪感はあまり抱かなかったという。

出産の際に、産婆が部屋を見渡して、赤ん坊のための衣服などが用意をされていなかった場合は、〝始末〟することを暗に示す合図になっていた。産婆は粛々と産まれたばかりの赤ん坊を〝始末〟した。

また、間引きは極貧の農村のみで行われたものと想像するかもしれないが、実際はそんなことはなかった。武士の家でも間引きが行われていたという資料が残されている。

そんな状況を問題視して、幕府は堕胎だけではなく、間引きを禁じるお触れを出したこともあった。ある藩では妊娠した場合、「懐胎届」というものを提出させ、出産には見届け人が立ち会い、死産した場合は医者の診断書を必要とさせた。

ただ、支配者たちが、倫理的な問題で間引きを禁止したのかと言えばそうではない。間引きが盛んに行われると人口が減り、結果として生産能力が落ちて年貢も減ってしまう。あくまで、労働力確保のための対策であった。現代の倫理観からすれば、間引きを行うことも信じられないが、それを禁止する理由にも驚かされる。

【第四章】

殿様もつらいよ

【殿様もつらいよ　其の二】

とにかく生活に自由がない！

●幕府の目を警戒する毎日

江戸時代の大名ならば、なに不自由なく気ままな生活を送っていたと想像される方もいるかもしれない。しかし、大名という職業は決してそのような呑気な仕事ではなかった。大名は幕府に「反抗するのではないか」という疑惑を持たれただけで、最悪の場合、お家取り潰しになるおそれがある。そうなれば一族だけでなく、家臣団まで路頭に迷うことになる。江戸時代の大名というのは、一挙手一投足にまで常に神経を張り巡らせておく必要があった。

幕府は特に大きな藩には厳しい目を向けていた。

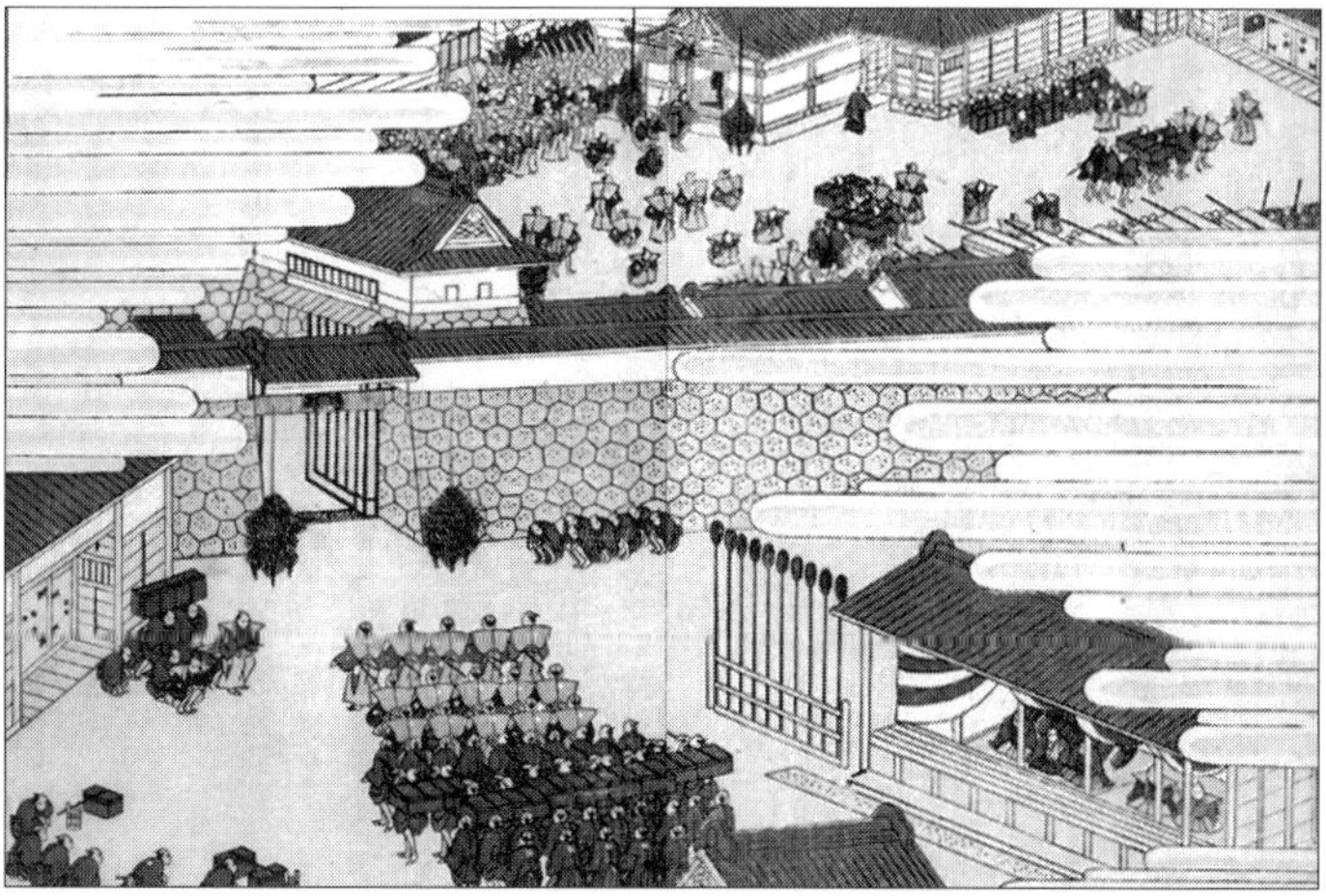
元旦に江戸城に出仕する大名や役人たち（『徳川盛世録』）

加賀百万石・前田家の3代当主・利常は、鼻毛を伸ばしていたことで知られている。その理由は自身を〝バカ殿〟と見せるため。少しでも賢そうだと思われたら、幕府からなにかとイチャモンをつけられるかもしれない。そのことを警戒していたのだ。

家臣は正面から鼻毛を指摘できないため、さりげなく近くに鏡を置いたりして、気づかせようとしていたが、利常は完全に無視。〝バカ殿〟に徹していた。

●町人に憧れた将軍様

町人文化が成熟した江戸時代には、様々な娯楽が街に溢れるようになった。しかし、時

尾張藩下屋敷の戸山庭園に再現された江戸の街並み（『尾張公戸山庭園』）

代劇ではないので、将軍や大名は外を自由に歩き、そんな娯楽に触れることはできない。ただ、高貴な人物であっても町人と同じ人間である。賑やかな江戸の街を気ままに楽しむ町人の生活には興味を持つし、心も惹かれるのは自然なことだ。

　実はそんな、

「町人のような生活をしてみたい」

との願いを叶えるために、町人の生活を疑似体験できるテーマパークが江戸時代には存在した。

　このテーマパークは徳川御三家のひとつである尾張藩の下屋敷に建てられた。

　140メートルの道沿いに、宿場町を再現。旅籠屋、米屋、酒屋、菓子屋、薬屋、本屋、扇子屋、植木屋、鍛冶屋、病院などが並ぶ。店先にはしっかりと商品も陳列され、鍛冶屋では炭が散らかったままになるなど、そのこだわりは本格的だ。

このテーマパークを11代将軍・徳川家斉はとても気に入っていたという。

ただ、気に入ったからといって、将軍であろうと簡単に訪れることはできないのが、この時代の面倒なところだ。

「きょうはテーマパークに遊びに行くぞ！」

と宣言をして公式に訪れることになると、尾張藩側も将軍の来訪となるので、それなりの準備が必要になる。自分のささやかな娯楽のために、大きな組織が大々的に動くことになってしまっては、心苦しい。そこで家斉は鷹狩りの帰りに偶然、尾張藩の下屋敷に寄ったという建前で、テーマパークを訪れて楽しんでいた。

どこまでも不自由なのが、この時代の将軍という職業であった。

【殿様もつらいよ　其の二】

殿様なのに質素倹約！

●倹約は武士の信念

将軍や大名は「倹約こそ美徳」という意識を心の中に持っていた。「武士たるもの、贅沢は敵だ！」という考えは、彼らの武士としての存在意義の根底にあった。

まだ戦国の香りが残る江戸時代初期。

徳川四天王として活躍した井伊直政は家臣に倹約をすすめ、木綿の羽織を与え、自らも木綿の衣服で暮らした。この直政の意識は城中で徹底され、派手な衣服で出勤する者がいると、上役に厳しく注意をされたという。他にもこの時代では、黒田官兵衛が瓜《うり》の皮を厚く剥いて塩漬けにして楽しんだり、紀州徳川家に仕えた真鍋貞成は常に玄米、汁物、漬物だけの食事

「倹約こそ美徳」を実践した井伊直政（左）と黒田官兵衛（右）

で暮らすなど、それぞれ質素倹約に励んでいた。

　このあたりだと、ケチというよりも、節約の範疇と見ることができる。

　しかし、なかには「これは本当に、美徳としての節約なのか？」と首をひねりたくなる事例もある。

　岩槻藩主の阿部重次は老中でありながら、常に焼き飯を携帯して食事にしていた。それだけではなく、焼き飯を包んだ紙も捨てずに持ち歩き、最後はシワを伸ばして、鼻をかんでいたという。

　はたして信念としての倹約なのか、それとも本人の性格によるものなのか、はたまた懐事情によるものなのか、ここまでくると判別ができない。

●改革としてのケチ「擦り切れるまで畳を使う」

性格的な要素も否定できないが、江戸初期の頃は倹約することが美徳という意識のもと大名たちが暮らしていたことは事実だろう。しかし、参勤交代によって藩の財政が常に逼迫するといった事情もあり、時を経るにつれて、大名たちは必要にかられて倹約生活を送るようになっていく。

肥後国熊本藩主・細川重賢《しげかた》は、ドケチ政策を実施したことで知られている。まずは、一族に木綿の服以外を着ることを禁止した。さらに、居間の畳は裏返して2度使う。畳の縁は擦り切れるまで取り替えなかった。

重賢の理論では、

「この程度のことでお金を使ってたら、いつまでたっても藩の借金は減らない」

ということであった。

そんなある日、重賢はある老女の奉公人の

「こんな粗末な古畳はむさくるしい。五十四万石のお殿様として恥ずかしい」

という陰口を聞いてしまう。

すると重賢は、

「古いものが悪いなら、古くからの奉公人のおぬしもクビだ！」

などと言って笑ったという。

結果として、重賢の改革は一定の成功を収めているので、彼の言いたいことも理解はできる。しかし、部下から「恥ずかしい」と思われてしまうほどのケチぶりは、少し悲しくなってしまう。

重賢が参考にしたのが、8代将軍・徳川吉宗の享保の改革であった。

享保の改革は、倹約を推し進めるものであり、吉宗本人もそれを徹底していた。吉宗の衣服は太い糸で織った粗末な縮帷子《ちぢみかたびら》、夏でも冬でも肌着は木綿。刀は金銀の無駄な装飾を排除。刀として実用に耐え得るものであれば、それで良しとした。もし、部下が少しでも高価な服を着ていたり、流行を意識した姿をして前に出てくれば、完全に無視をしたという。

重賢にしても吉宗にしても、共通しているのは、倹約を部下だけに押しつけたのではなく、自らも率先して行ったことだ。お殿様たちも決して楽な時代ではなかったのである。

【殿様もつらいよ　其の三】

食事時でも気が抜けない！

●食事も自由にできないお殿様

広島藩最後の藩主であった浅野長勲《ながこと》は、大名時代の食事を回顧している。長勲はなんと、食事の際にゴミが入っていてもそれを隠していたというのだ。なぜそんなことをしたかと言えば、もしゴミが入っていたことが発覚すれば担当者が厳しく罰せられる可能性があったからだ。料理に異物が入ることはそう珍しいことではない。そのたびに処罰されるようなことは正直バカバカしいし、些細なことが大事となるくらいだったら、長勲は自分が我慢するという選択をしていたようだ。江戸時代の大名がそんな気づかいをしていたというのは、あまりイメージがない方も多いのではないだろうか。

貴人の食事風景（『小笠原諸礼大全』）

ちなみに長勲、食べ物の中に鼠の糞が入っていた時は、さすがに隠すことができずに発覚してしまった。それでも罰することは避け、担当者を

「特別、許す」

としたという。

そもそも将軍や大名にとって食事は、のんきに味を楽しむほどリラックスできる時間ではなかった。

食事を残せば、

「どこかお体の具合が悪いのでは！」

と騒がれる。

もちろん、高貴な者であっても好き嫌いはあったはず。しかし、嫌いなものを出してしまったということが分かれば、誰かしらが処罰を受ける可能性がある。そこで殿様たちは我慢をして、無理矢理飲み込んだそうだ。

また、逆に食欲が旺盛であったり、料理が好みでお代わりしてしまうと、

「殿に盛る量が少ないなどけしからん！」

と、これはこれで騒動になってしまう。

食事中でも決して気が休まらないのが江戸時代の支配者たちであった。

●食べられないものが多い将軍

中国では、支配者の〝食〟にまつわる様々な逸話が残されている。

殷の紂王《ちゅうおう》は、贅沢の限りを尽くしたことから酒池肉林という言葉が残され、清の西太后は、100種類以上の食材が並ぶ満漢全席を楽しんだといわれている。さらに唐の玄宗皇帝は絶世の美女である楊貴妃がライチを欲しがったため、都より1000キロ以上離れた場所から早馬で取り寄せた。

いかに中国の支配者が絶対的な権力を持っていたかということが窺い知れるエピソードだが、一方で江戸時代の支配者の献立はどうであったか。

将軍の食事は、京風の質素なものを基本としていた。しかし、現在のように流通網が発達していたわけではないので、京風といっても江戸で手に入る食材には限界があった。加えて、将軍には食べてはいけないとされている食材があり、その種類も多かった。

まず、基本的に獣類は禁止。よく知られている話だが、ウサギだけは〝羽〟と数えることから鳥類とされ、例外であった。魚は鱚《きす》が多く、他には鯛、ヒラメがＯＫとされていたが、基本的に脂の多い魚はＮＧ。鯖を出す際は丹念に脂を抜かれたものを食べることになったという。

そもそも、どんな食材であろうと、毒味後に食べるので、〝新鮮〟とか〝焼きたて〟なんて状態とはほど遠いものしか口にはできなかった。

水野忠邦は天保の改革の際、将軍であろうとも、季節外れのものを食べることは「贅沢すぎる」として禁止した。12代将軍・家慶は「もやし生姜」を好み、食卓に必ず並べていたのだが、これも買い置きが禁止されてしまったという。

【殿様もつらいよ　其の四】

参勤交代で借金だらけ！

●参勤交代のリアル

参勤交代と言えば、大名が優雅に籠に揺られて旅行を楽しむようなイメージを持たれる方もいるかもしれない。しかし、そんなイメージとかけ離れているのが、参勤交代のリアルである。とにかく、どうやって節約をするかと各藩は悩んでいた。

幕府は参勤交代での大名行列の決まりを定めていた。

そのため、

「殿、今年は予算的に厳しいので、身の回りの者だけで行ってきて下さい」

というわけにはいかない。

諸大名の懐を苦しめた参勤交代（五雲亭貞秀『慶応頃錦絵帖』）

ただ、そうは言っても国許から多くの人数を連れていくと金がかかるので、各宿場町でバイトを雇って体裁を整えた。しかし、しょせんはその場限りのバイトなので、態度も見栄えも悪かった。とにかく体面を気にするのが武士の世界なので、しっかりと歩いてくれと頼むと、

「それならば、もっとギャラを上げろ」

と返されてしまう。

代金を上乗せする余裕はなく、結局、態度の悪さは黙認するしかなかった。

人件費をそれ以上削ることが難しいとなれば、次に考えるのが時間の短縮だ。江戸までの移動にかかる日数を減らせば、それだけ自然と旅費も節約できるはず。そこで参勤交代ではとにかくスピードアップが心掛けられた。優雅な行進は宿場町だけ。そこ

を過ぎてしまえば、体裁など気にする余裕もなく、猛スピードで江戸を目指した。

もちろん、徒歩の藩士たちも大変だが、籠に乗っているお殿様もツラい。急げば急ぐほど籠は揺れる。そもそも籠は身動きを取ることが困難なほど狭く、10日以上も連続で乗り続けるのは、かなりの苦行であった。

●参勤交代の恥ずかしい話

そもそも参勤交代は、無駄に大名たちに金を使わせることで弱体化させ、謀反の危険性を回避することが目的であった。各藩は参勤交代のために資金繰りに苦労したことから、この方法は幕府にとって大成功と言えるだろう。

しかし、各藩からすれば、これはあまりにキツい決まりであり、いくら節約に励もうとも、資金難に陥ったため、武士たちは参勤交代で恥ずかしい思いをすることも多かった。

萩藩は宿場町に宿泊費の値下げを依頼した。町人に値下げを頼むなど、当時の武士の倫理観からすれば恥ずかしいことであったが、ない袖は振れない。本来、一四三文のところを一二八文にして欲しいと求めた。結局、一三八文で交渉が成立したという。大和郡山藩は、宿場町で数百人の行列の茶代に、現在の価値で５０００円しか払わなかったため、その悪名が街道中に広まってしまった。

実際に参勤交代の最中に旅費が底を尽くこともあった。庄内藩は江戸から戻る際に、福島で資金が尽きたため、仕方なく国許から金が届くのを待った。伊達政宗の流れをくむ仙台藩も国許に戻る際に千住で資金が尽きた。千住といえば、まだ東京都内。まったく進むことができなかったということだろう。

そこで、

「よし、仙台まで野宿で行こう！」

と決定する。

しかし、宿に泊まらなくとも、食事は必要である。食事は野鳥を撃って自給自足で賄おうとしたが、鉄砲を勝手に使うことは幕府から禁じられていたため、この方法は使えない。結局は、幕府から旅費を工面してもらうことになった。

値下げを要求してきたり、野宿をしようと考えたり……見かけだけが立派な大名行列を庶民はどのように見ていたのか。気になるところだ。

【殿様もつらいよ　其の五】

家臣にも隙を見せられない！

●家臣に殺された大名

江戸時代のお殿様といえば、家臣は絶対服従していたというイメージが持たれているだろう。しかし、意外かもしれないが、お殿様と家臣団の間には、一定の緊張感があった。

実際、二本松藩主の丹羽長貴《にわながよし》は家臣に刺殺されている。

二本松は、明和４（１７６７）年の火事で家臣の屋敷や町家の長屋７００戸を失った。また、その後の凶作で藩の収入の半分が失われ、続けて起きた天明の飢饉では領内で餓死者が続出した。

この藩のピンチに、長貴は側近らと藩政改革を進めようとしたが、家臣団がついてこな

丹波長貴（1756 ～ 1796）
父・高庸の病死により、二本松藩の7代藩主になる。領民の窮乏を目の当たりにしたことで、間引きなどで減った人口回復のために子ども手当を給付するなど、様々な施策を行ったが、1796年に死去した。

い。結局、長貴の改革は頓挫してしまう。

自分の思い通りにならなかったことで、長貴には奇行が目立つようになった。

そんな長貴を家臣の依包《よりかね》源兵衛が
「藩を守るため」

との名目で殺害した。長貴の奇行は相当なものだったようで、一族からも反発されなかったという。

●追放されたお殿様

丹羽長貴のように殺されないまでも、家臣らによって〝処罰〟された大名は他にもいる。

伊達家の家督を18歳で継いだ綱宗《つなむね》は酒好きで遊び回ってばかりで、まったく政治に興味を示さなかった。やがて藩の財政も悪化。伊達家一族だけでなく、幕府の老中も注意したが、綱宗はまったく聞く耳を持たない。そこで行く末を案じた家臣団が幕府に綱宗の隠居願いを提出する。これが聞き入れられ、綱宗は隠居させられることになった。

岡崎藩主の水野忠辰《ただとき》も家臣によって、その地位を追われている。

忠辰は藩の再建に乗り出し、若手を積極的に起用した。しかし、それまで藩政に力も持っていた家臣たちが反発。怒りを買って抵抗され、結局、改革は失敗に終わる。このことですっかりやる気を失った忠辰は遊び回るようになってしまった。この行動を家臣らは見過ごさず、忠辰から刀を取り上げると座敷牢に幽閉した。幕府には「藩主発狂」と報告。その後、忠辰は座敷牢で亡くなっている。

ちなみに、家臣団が主君をその座から降ろして隠居させることは、「主君押込《しゅくんおしこめ》」と言われ、もともと武家社会にあった伝統であり、家臣たちの権利と見られていた。決して、これらの事例が特殊で、超法規的な措置であったとは言えないようだ。

【殿様もつらいよ　其の六】

女性嫌いでも子作りは絶対！

●将軍にとってもっとも大事な仕事

将軍にとって、もっとも大事な仕事は何か。

武家とのトップとして恥ずかしくない鍛錬か、天下国家を論じることができる教養か、民の生活を案じる優しさか……どれも正解のようだが、実はもっと大事なことが他にある。

将軍にとっての最重要事項は、幕藩体制を安定して維持するために、世継ぎを産ませることであった。

実際、後継者問題で何度も徳川将軍家は窮地に立たされている。53人の子どもをもうけて、「オットセイ将軍」なんて呼ばれている11代将軍・家斉は特殊な方で、後継者に苦労した将

女性嫌いとの説もある家光だが５人の側室との間に５人の男子をもうけた。うち３人が成人し、長男の家綱と４男の綱吉が将軍を務めた。

軍は実は多かった。その代表格が3代将軍の家光だ。

実は家光、若い頃は女性には興味がなかった。その代わり衆道に夢中で、堀田正盛、酒井重澄らを寵愛していたといわれる。

家光は22歳の時に内大臣、左大臣、関白を歴任した鷹司信房の娘・孝子を正室に迎えるが、その後も男色一辺倒で30歳を迎える。将軍としての重要な任務を放棄した姿を見て、頭を抱えた乳母の春日局は作戦を練り始める。そして考えた末、お振の方という女性を男装させて家光に近づけた。彼女は気に入られて、長女・千代姫を生んだ。

さらに春日の局は家光の気に入りそうな女性として、お楽を江戸の街でスカウトする。お楽は継父の古着屋の店先にいたところをスカウトされて大奥入り。やがて家光の寵愛を受け、

玉の輿の語源とも言われる玉（桂昌院）も、家光の側室。もとは京都の庶民の出だったが、家光に見初められて５代将軍・綱吉を産んだ。

4代将軍・家綱を出産した。

春日の局の執念には驚かされるが、はたして家光本人はどう感じていたのか。

恋愛対象が男性であったのに、周囲が子を産ませるために女性を押しつけようと画策するなど、今であれば大変な人権問題だろう。そもそも、あまりに春日の局が強すぎたことで、家光が女性を敬遠するようになったという説もある。

現代の価値観で解釈するならば、将軍には〝自由〟も〝人権〟もなかったのだ。

●正室・孝子の悲劇

忘れてはならないのは、正室として迎えられた孝子のその後である。

家光とはすぐに別居し、実質的な結婚生活はなかったようだ。孝子は大奥にも入らず、江戸城内で終生、軟禁状態のような生活を送った。

この時代の京と江戸の距離は今の時代の想像をはるかに超えたもので、そんな中ではるばる嫁いできた孝子だが、江戸にくると夫は衆道に夢中で、自分は無視されている状態。将軍家と朝廷の絆を確固たるものにするという政治的な思惑が目的の結婚であったため、もちろん、孝子自身に離婚を切り出す権利など存在しない。

さらに家光が亡くなった際の形見分けは、たったの50両とわずかな茶道具のみ。加えて、墓まで家光とは別だった。

孝子もまた、時代の犠牲者といえる存在で、〝自由〟も〝人権〟もなかった。

【殿様もつらいよ　其の七】

江戸城ではイジメが蔓延！

●忠臣蔵だけじゃない江戸城中のイジメ問題

「鯱病《しゃちびょう》」という病をご存じだろうか？

江戸城の登城口には鯱の飾りが置いてあるのだが、それを見ると足が止ってしまうというもの。現在で言うところの登校拒否や出勤拒否のような状態で、原因は城中でのイジメだった。病名として残るほど、江戸城中ではイジメ問題が深刻だった。

まだまだ謎が多く、確固たる確証はないものの、『忠臣蔵』の浅野内匠頭も吉良上野介にイジメられたことが原因で刃傷事件を起こしたという説が一般的だ。他にもイジメ問題が原因で刃傷事件を起こした人物として知られているのが、松平外記《げき》だ。

松平外記の刃傷事件を描いた「狩場の霞」（『視聴草』所収）

文政6（1823）年、33歳であった外記は11代将軍・家斉が鷹狩りをする際に、大役を与えられた。

この抜てきが先輩たちには気に食わなかったようで、外記をいじめるようになった。

やがて、外記の弁当が盗まれて、空き箱に馬糞を入れて戻されるという事件が起こる。外記は抗議するも、まったく聞く耳を持ってもらえない。

ハードなイジメを受けた外記は、ついに我慢の限界を超える。覚悟を決めた外記は、書院番部屋で自身をいじめた3人を斬りつけて殺害。他にも2人に重傷を負わせた。外記はその場で介錯なしで腹を切った。

●旗本のイジメ方法

「寛政の改革」の実行者である松平定信には、江戸城中のイジメに関する報告が寄せられていた。新人をいびる古参がいる、カツアゲをする者がいるといった内容だった。

定信の時代、江戸城中の風紀は乱れ切っており、古くから繰り返されてきたイジメは、ある種の伝統のようになっていた。そのイジメの方法は陰湿で、「紋付き袴の紋に墨を塗る」「行儀の指導と称して、ずっと平身低頭の状態にさせられる」「稽古と称して頭部を弓で狙われる」といったものがあった。

なかでもとりわけ屈辱的だったのが、「睾丸の皮を伸ばして酒をため、それを這いつくばらせた新人に飲ませる」というものだ。なかなか強烈なイジメである。

【殿様もつらいよ　其の八】

江戸城は決まり事だらけ！

●伊達政宗のエピソードは本当か？

戦国武将などの逸話を集めた岡谷繁実の『名将言行録』には、伊達政宗の興味深いエピソードが掲載されている。

政宗は江戸城中で諸大名がいる中、酒井忠勝という家康の家臣に対して

「相撲を取ろう」

と提案する。

突然の申し出に困惑した忠勝は、

「仕事があるので……」

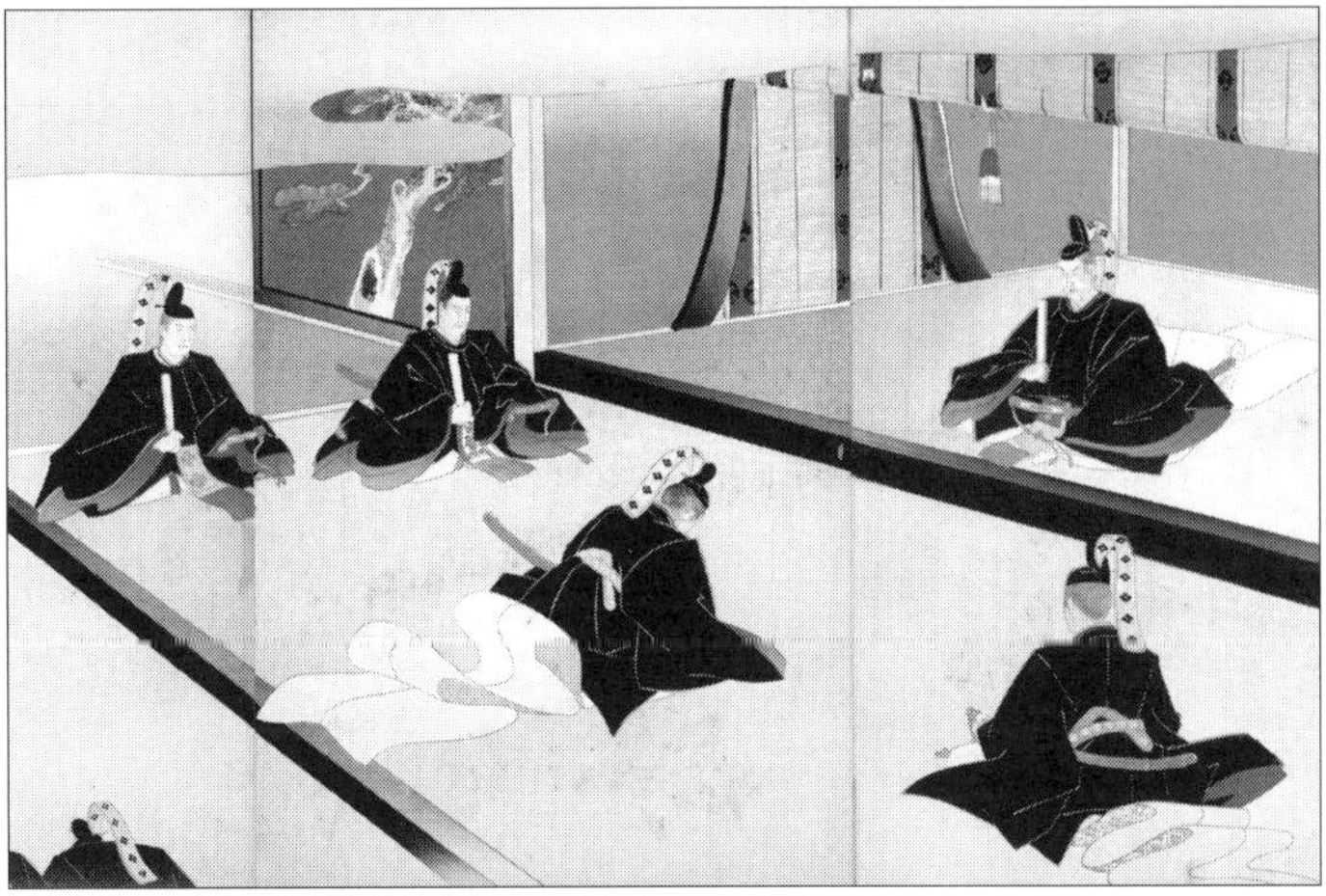

徳川宗家の当主が征夷大将軍に任命される「将軍宣下」を描いた錦絵。格式を重んじる江戸城内では、大名たちは様々な規則を守らなければならなかった。(『千代田之御表』)

と断るが、政宗は勝手に忠勝に飛びかかり、結局、取り組みが始まってしまった。政宗と忠勝の相撲に周囲は大いに盛り上がったそうだ。ちなみに結果は、忠勝が政宗を投げ飛ばして、〝勝負あり〟となったという。

この時代にあって随一の変わり者とされた政宗の突然の申し入れ。現代の無邪気な男子高校生のような姿が思い浮かべられる、なんだかほのぼのとしたエピソードだ。

では、はたしてこれは真実なのだろうか。もし真実であったとしたら、きっと大問題に発展したはずだ。というのも、江戸幕府が始まってすぐ、江戸城中での禁止事項などが制定されている。実はその中ではっき

正月の元旦に登場する大名たち（『千代田之御表　正月元日諸侯登城御玄関前之図』）

りと、

「江戸城内の相撲は禁止！」

と定められているのだ。

●校則のような決まりも罰則は……

江戸にいる諸大名は、毎月1日、15日、28日が登城する定例日であった。他にも様々な行事があれば登城するし、老中などの役職が与えられている者は、必要がある際は江戸城へ入る。

そんな武家社会のトップが集まる江戸城中では、様々な細かい決まりごとがあった。

まず城中で集まってのおしゃべりは禁止である。また遊び道具も城中には持ってきてはいけない。ゴミのポイ捨ても禁止である。さらにトイレ以外の場所での小便も禁止。そして落書きも禁止である。ちなみに一度、登城したら、私用の買い物で外出するのも禁止であった。

まるで現代の校則のような細かさ。わざわざ決まりを作ったということは、トイレ以外のところで小便をしたり、落書きをするような者が過去にいたのかもしれない。

しかし、そんな校則風の規則も、破ると怖ろしい罰が待っていた。

たとえば、落書きをしたことが発覚すると本人は死罪、親族は流罪の決まりだった。落書きで死刑とは、いくらなんでもやり過ぎな気がする。

ただ、別の見方をすれば、落書き程度で死罪になるのだから、いかに『忠臣蔵』で浅野内匠頭が城内で刃物を振り回したことがとてつもない重罪であったか、理解できるはずだ。

ちなみに、江戸城中では違反者を見た場合は直ちに報告するようにと、告げ口も推奨されていた。

【殿様もつらいよ　其の九】

大名も格差社会だった！

●座る畳の場所

江戸時代の大名たちには、親藩《しんぱん》、譜代《ふだい》、外様《とざま》と3つの身分があったことは、よく知られている。

親藩は徳川家の親戚筋の大名で、御三家や各地の松平家がこれに当たる。譜代はもともとの徳川家の配下の武将で、これらの大名は大老や老中となることが許され、幕政に関わることができた。外様は関ヶ原の戦い以後に徳川家に仕えることになった大名たちで、いくら石高が高くとも基本的には幕政に関わることは許されていなかった。

ただ、この3つはあくまで大雑把な分け方で、実際の大名の序列はもっと細分化されてい

大広間に並んで将軍に謁見する一般大名たち（『徳川盛世録』）

た。そして、その序列をまざまざと感じさせられることになるのが、江戸城中であった。

まず、江戸城での席次は、基本的に御三家と前田家、御家門《ごかもん》（徳川将軍家の一族）と井伊家、国主、準国主の藩主、中堅クラスの譜代、十万石以下の外様、諸衆と呼ばれる譜代、三万石未満の譜代と順番が決まっていた。さらに、それぞれの家の歴史なども考慮されたため、席順はかなり複雑であった。

将軍宣下などが行われる大広間では、家格によって畳単位で座る位置が決められた。

将軍と謁見する際は、御三家であれば将軍のプライベート空間で対面することも可能だったが、十万石未満の外様大名は1対1で会うことができず、複数人で一緒に次の間で控えての謁見となった。

もちろん、身分制度の厳しい時代である。不祥事を起こして御家断絶となり、この序列からはじかれることはあっても、何かの手柄で急激に序列が上昇するなどは、基本的にはありえなかった。

●町人には見せられない情けない姿

江戸の街を大名行列が進む際、先頭の家臣には重要な仕事があった。それは前方から、他の大名行列がこないかを確認することであった。

前方にあらわれた大名行列が自分たちのお殿様よりも格上なのか、それとも格下なのかで、その後の対応が変わってくる。同列程度であれば、大名がお互いの籠の戸を開けて黙礼をする程度で十分だが、もし御三家の大名行列と鉢合わせになってしまったら、大名であろうとも一度駕籠から降りて、挨拶する必要があった。

しかし、江戸の街は町人の目があるので、いくら格上に対する礼儀であろうとも、大名としてはあまりペコペコしている姿は見せたくない。そこで、格上の大名行列と鉢合わせする

長州藩の第13代藩主・毛利敬親の大名行列を描いた錦絵。大名にとって参勤交代は見栄の張り合いという一面もあった。(『温故東の花第四篇旧諸侯参勤御入府之図』)

可能性がでてきたら、急きょ道を変えることになる。想像できると思うが、これでは小藩の藩主は目的地が近場であっても、到着するのに時間がかかってしまうことになる。

また参勤交代の際には、同じ宿場町に複数の藩が宿泊することがあった。そのこと事態は問題ないのだが、格下の藩からすれば、もし配下の者同士で喧嘩などが起こって騒動に発展した場合、自藩が確実に不利な状況に追い込まれる。これはとても面倒なことだ。

文政年間に、相馬藩と会津藩が同じ宿場町に泊まることになった。最初に相馬藩が宿場町に入り、本陣への宿泊を決める。しかし、格上の会津藩がくることがわかると、相馬藩は本陣を明け渡し、宿を変えた。

江戸時代の感覚からすれば一般的ではあったが、相馬藩の配下はプライドを傷つけられたと感じたようで、宿場町で会津藩の配下たちともめ事を起こしてしまった。

相馬藩のお殿様からすれば、

「その意気込みや、よし！」

と褒めたくもなるかもしれないが、現実問題として、そんな呑気なことは言っていられなかっただろう。

結局、他の藩と鉢合わせてしまった場合、格下の藩はリスク回避のために、わざわざ他の宿場町に移動することも多かったようだ。

【殿様もつらいよ　其の十】

江戸の人質生活の実態！

●監視下での江戸生活

各地の大名は江戸屋敷に正室や嫡子を住まわせて、生活をさせていた。これは幕府に対しての人質で、幕府に反抗する意志がないということを示す意味があった。そして大名本人も参勤交代で、定期的に江戸を訪れることが義務となっていた。

国許に帰れば一国一城の主である大名たちだが、参勤交代で江戸を訪れた際は、大名を監視する大目付の目が光る中で、少しの粗相も許されず、緊張を強いられ、たいへん窮屈な生活を送っていた。

そもそも、大名たちは江戸で何をしていたのか。

もっとも大事な公務が江戸城への登城である。1日、15日、28日の定期的な登城に加え、五節句や将軍の結婚、将軍に子どもが生まれた時などはお祝いのために駆けつける。これらは大名たちの重要な公務であるので、簡単に休むことはできない。もし、無断欠席などすれば一大事。もちろん処罰を受けることになる。

ただ実際のところ、中学生や高校生ではないので、よほどのことがない限り大名が無断欠席というのはあり得ない。現実的に各大名が恐れていたのが、江戸市中での通勤ラッシュであった。大名たちは江戸城に登場する際、大名行列を組んで向かった。当然、江戸城周辺は大混雑となった。混んでいるからといっても、登城予定時間に遅刻することは許されない。各大名は遅刻を恐れ、かなり時間に余裕を持って江戸城へ向かっていた。

また江戸屋敷では、大名たちがどの門から出入りをするのかも決められていた。自分の屋敷だからといって、その日の気分で出入り口を変更するなどは絶対にできない。違う出入り口を使用する際は、部下である門番に届け出をしておかないといけなかった。大した理由もなく、少しでも普段と違う行動をとってしまうと、大目付から疑いの目を向けられる。組織を守るためには、大名であろうともイレギュラーな行動は許されなかった。

背景にあるのが江戸の本郷にあった加賀藩邸。その跡地は東京大学の本郷キャンパスになっており、江戸後期に建てられた御守殿門（赤門）が現存している。（『加賀鳶の図』）

●「一杯どうですか？」は簡単ではない

江戸城中で大名たちは、大広間で待機をしていた。しかし、そこには冬でも暖房器具となる火鉢すらない。それどころか座布団もなかった。この大広間には自身の配下は連れてこれないので、お茶や食事の準備も自分たちで行っていた。いくら一国一城の主たちであろうとも、江戸城内では将軍の配下の1人でしかなかった。

そんな大広間で、大名同士で意気投合し、

「では、本日、一杯どうですか？」

と、現代のサラリーマンのような交流が生まれることもあったようだが、そんなに簡単にことは進まない。

大名同士が2人だけで食事をしたりすれば、

「あいつらは謀反を企んでいる可能性がある。両藩とも取り潰しだ」

と、幕府から目をつけられるおそれがある。

そこで、大名同士が交流する際は、必ず証人として、「出入旗本」という者を同席させて、問題になるような会話はしていなかったと証人になってもらっていた。あらぬ疑いをかけられないための対策だ。こんな状況であるので、幕府への愚痴を言い合い、ストレスを解消するようなことは不可能であった。夜の居酒屋で上司への愚痴を肴に一杯楽しめる現在のサラリーマンの方が、よっぽど自由と言えるだろう。

【第五章】

罪人もつらいよ

【罪人もつらいよ　其の二】

犯罪捜査が恐ろしすぎた！

●反社会的勢力を使った捜査

時代劇にはよく岡っ引きという職業の者が登場する。犯罪捜査において、おもに情報収集を担当していた彼らだが、その本業は博徒や非合法売春宿の用心棒で、現在で言うところの反社会的勢力であった。

なぜ、江戸時代に反社会的勢力が犯罪捜査を担ったのか。

まず、そもそも犯罪捜査を担当する町奉行所の同心が圧倒的に不足していた。100万都市といわれていた江戸の町で、犯罪捜査を担当する同心はたったの30人程度である。こんな人数ではまともな犯罪捜査などできるわけがない。同心たちは、自らの手となり足となって

罪人を捕縛する岡っ引き。十手は鉄製で長さは一尺五寸（45センチ）。容疑者が抵抗する素振りを見せたら、右の二の腕を打ち、利き腕の働きを奪った（『徳川幕府刑事図譜』）

働いてくれる者を必要としていた。反社会的勢力は、同業者にあたる犯罪者の動向に詳しかったため、彼らから最新の有益な情報を得ることもできて合理的でもあった。

岡っ引きたちは、小遣い程度の報酬で精力的に働いてくれたこともありがたかった。なぜそんな待遇でも働いたのかといえば、捜査組織と密接な関係になると好都合なことも多かったからだ。

同心からもらえる報酬は少なくとも、岡っ引きの立場を利用して非合法の売春宿や怪しげな商売をしている店をゆすってたかって稼ぐことができたので問題なかった。さらには街の小さな事件を聞きつけて、いいがかりをつけて脅迫をすることもあった。

これらの悪事で財布の中は十分なほど潤ったようだ。

さらには、捜査の過程で自分たちに都合の良いように、事実をねじまげて、無実の罪の人間を捕まえるなどということもあった。

あらためて整理すると、江戸時代では反社会的勢力を捜査に使う。反社会的勢力は、そんな立場を利用して、脅して金を稼いだり、無実の人間を捕まえたりする。現在の観点から見れば、とてもじゃないが安心して生活できる街だったとはいえないだろう。

幕府もこの状況を問題視して、岡っ引きを使った捜査を禁止することもあった。しかし、慢性的な人手不足は解決されなかったので、結局は岡っ引きを使った捜査は続いた。

●荒っぽい火付盗賊改方

池波正太郎の人気小説でテレビドラマにもなった『鬼平犯科帳』は火付盗賊《ひつけとうぞく》改方《あらためかた》の頭《かしら》である長谷川平蔵が活躍する作品だ。平蔵は実在の人物で、浪人や無宿人に対して自立を促す更生施設を建設するなど、評価の高い人物である。

ただ、平蔵が担った火付盗賊改方は、決して町人から尊敬を集めるような仕事ではなかっ

犯人捕縛に出かける町奉行の与力・同心の服装（写真は後世に撮られた扮装）。与力は町奉行を補佐する役人で同心を指揮した（中村薫編『東京古今図史』東京文化協会）

たようだ。

江戸の街の治安悪化を受けて、放火や強盗などの凶悪犯を取り締まるために組織された火付盗賊改方は、捜査対象が凶暴であることが多く、そのために選ばれたのは戦国時代に先鋒として戦場に飛び出していった足軽大将の末裔たちだった。

そんな彼らが、いざ犯罪者と相まみえた時は、容疑者を捕縛する必要はなく、その場で斬り捨てても問題がないとされていた。

町奉行の捜査は基本的に容疑者を捕獲して、奉行所内で取り調べることが基本で、もし死罪にする場合は調書を老中に提出し、将軍の許可を得る必要があった。江戸時代といえども好き勝手に処刑するということはできなかったのだ。そのことを考えると、火付盗賊改方がいかに特別だったかがわかるだろう。凶悪犯相手でも、街中で容疑者を簡単に〝成敗〟することが許される組織というのは、やはり物騒だ。

また、町人から好まれなかった理由は、他にもある。火付盗賊改方という仕事は役職手当がなかった。その結果、仕事をまっとうしようとすると、資金難に陥る。そうなると、町人をゆすって賄賂を要求したりする者もいた。これでは町民から敬遠されたのも当然だ。

町人からすれば、捜査組織であるのに迷惑な存在であるのが、江戸時代のリアルであった。

【罪人もつらいよ　其の二】

司法制度が問題だらけ！

●セレモニーとしてのお白洲

江戸時代の裁判と聞いて、多くの方が頭に絵を浮かべるのはお白洲の光景だろう。

実はこのお白洲でも身分制度があり、身分の高い容疑者は座敷の縁側に座ることができたが、一般庶民は砂利敷の上に敷いたむしろに座った。ちなみに、砂利敷には白い石が敷き詰められていたが、これには裁判の神聖さを示す意味が込められていたという。

「大岡越前」や「遠山の金さん」では、町奉行自らが名裁きを行うシーンが描かれている。しかし、実際に町奉行がお白洲に登場するのは、初審と結審の時くらい。それまでに拷問などで自白させた内容が記された調書に目を通し、結審で判決を言い渡すだけであった。

そもそも町奉行は、かなり多忙であった。

基本的に正月などを除けば休みはなく、必要とあれば、夜中でも開廷することがあった。1日に何件も裁判を担当しなければいけない町奉行にとって、いちいち容疑者に尋問したり、犯行の背景を聞いてみたり、拷問で無理やり真実でない自白を強要されていないかを確認したりする余裕などなかった。

重大事件の場合に限って、取り調べが行われている際に、町奉行が屏風の裏に隠れて、聞き耳を立てて確認をしていたようだが、これはあくまで例外である。

結局、町奉行の裁判での仕事は、流れ作業のように訴状を読み上げ、調書に従って判決を下すだけであった。被告人は上訴をすることはできず、判決が下ればすぐに刑罰を執行されることになった。

現在で例えるならば、検察や警察の調書の内容を裁判官がいっさい容疑者に確認せずに、そのまま判決を下すようなものである。ほぼ裁判の機能が果たされていないと言えるだろう。今となっては詳細なデータを取ることは難しいが、このやり方では冤罪事件がかなり多く起こったのではないかと想像される。

大番屋で下調べを受ける被疑者。被疑者は捕縛されると、大番屋と呼ばれる奉行所近くの施設に収容され、そこで容疑に関する取り調べを受けた（『徳川幕府刑事図譜』）

●活躍した怪しい〝弁護士〟たち

そもそも江戸時代は、警察と検察と裁判所の役目を同じ役所が担うという、かなり問題あるシステムであった。

現在であれば容疑者には弁護士をつけることができる。法律の専門家である弁護士が、容疑者のために手をつくしてくれるのが、現在の裁判制度だ。江戸時代にも、実は弁護士のような者が、存在していなかったわけではなかった。しかし、それはあくまで〝ようなもの〟でしかなかった。

裁判のために地方から江戸へきた者を宿泊させる公事宿《くじやど》という施設があった。この宿の経営者は公事師と呼ばれ、頻繁に奉行

お白洲で裁きを受ける被告人たち（『徳川幕府刑事図譜』）

所に出入りをすることで同心や与力と親しくなり、裁判の手続きを把握するようになる。

そんな中で、公事師たちは正式な資格試験はなかったものの、現在でいうところの弁護士や司法書士に当たる業務を請け負うようになった。当初は民事裁判を担当していたが、やがて刑事裁判にも仕事の幅を広げていく。

公事師は裁判のための諸手続き以外にも、裁判での振る舞い方や駆け引きといった実践面の指導もした。また、必要とあれば奉行所へ賄賂を贈り、関係者と偽って自らが出廷することもあった。見事に勝訴に持ち込めば、成功報酬として、多額の金銭を要求したり、吉原での接待をねだったりすることもあった。

非合法に報酬を得ていたとしても、裁判の

助太刀をしてもらえていると考えれば、その後の接待も納得できそうだ。しかし、公事師の本来の目的は、裁判で勝たせることではなく、裁判を長引かせて公事宿に長く逗留してもらうことであった。そこでしっかりと宿賃を稼ぐのが真の目的なのだ。公事師は「公事と病気は長く扱うべし」といった都合のよいことわざを街で流行らせて、儲けを膨らませていた。

日本弁護士連合会のホームページには、「弁護士の使命」として、「弁護士は、基本的人権を擁護し、社会正義を実現することを使命とします」と書かれているが、江戸時代の公事師たちは、そんな使命を背負っているつもりなど、さらさらなかっただろう。

【罪人もつらいよ　其の三】

残酷非道な拷問があった！

●苛烈な拷問が行なわれた背景

老中の松平伊豆守信綱は、

「罪人に拷問をするのは奉行の恥である」

と語ったという。

そもそも罪人と向き合い、取り調べをした段階で罪を認めさせることができれば、拷問の必要はない。拷問が必要だということは、取り調べの能力が低いということを証明しているようなものだと、信綱は語っている。たしかに信綱の言うとおりだが、それでも江戸時代に過酷な拷問が行われたのは、自白こそ、捜査・取り調べのすべてとされた背景があるからだ。

笞打（『徳川幕府刑事図譜』）

江戸時代、犯罪の証拠がいくらそろっていようとも、状況証拠がかなり強固であろうとも、犯罪の確定には本人の自白が必要であった。このあたり、見方によっては、容疑者の権利が尊重されているように見えなくもないが、罪を認めないと拷問されていたのでは意味がないだろう。過酷な拷問で無実の罪を自白させられたケースも数多くあったことが十分に想像される。

●公式の拷問は4種類

江戸時代、公式の拷問は4種類あり、その順番も決まっていた。

最初に行われる拷問は「笞打《むちうち》」。

海老責（『徳川幕府刑事図譜』）

後ろに手を縛られて座らされ、竹の縄で巻いたムチで叩かれるというもの。皮膚が破れ血が出ると、そこに砂をすりつけられる。

次が「石抱《いしだき》」。

山形が連なる板の上に正座をさせられ、太ももの上に石の板を乗せられる。石の重さは45キロ。やがて枚数が増やされていく。苦しむ容疑者は口から泡を出し、鼻水が垂れる。さらに石をゆさぶり、脛に板の先が食い込み、骨が砕かれる。この拷問が4時間も続くことがあった。

さらに白状しなければ「海老責《えびぜめ》」となる。

頭と足が付くように身体を丸くし、エビを茹でた時のような形にさせて固定。すると冷たい汗が流れ、肌の色が紫色になっていく。

釣責（『徳川幕府刑事図譜』）

やがて肉体は蒼白になるが、ここまでくると当然、拷問で命を落とすこともあった。

そして、最後に行われる拷問が「釣責《つりぜめ》」。体を綱で縛って天井からぶらさげ、先の割れた竹で叩かれるというもの。縄が肉に食い込み、とてつもない苦痛を伴う。

ちなみに、正確には「笞打」「石抱」「海老責」は〝拷問〟ではなく〝責問《せきもん》〟と呼ばれ、必要に応じて担当役人が独自の判断で行ってよかった。

一方、「釣責」だけは〝拷問〟とされており、かなりの確率で死ぬこともあったため、実行するには執行の評議と老中の許可が必要であった。

【罪人もつらいよ　其の四】

死刑が6種類もあった！

●死刑のバリエーションがやたらと豊富

現在の日本で死刑の方法は絞首刑だけだが、公事方御定書によると江戸時代の死刑の方法は6種類。その方法も細かく規定されていた。

まず斬首が3種類。

殺人教唆や心中失敗（相手だけが死んだ場合）、酒乱で人を殺した者などに適用された斬首を「下手人」と言った。処刑後は埋葬や弔いが許された。

私利私欲からの殺人、強訴（集団で強引に訴え出ること）の首謀者、偽造証文などによる詐欺などの場合の斬首を「死罪」と言った。死体は試し切りに使われ、弔いはできない。ま

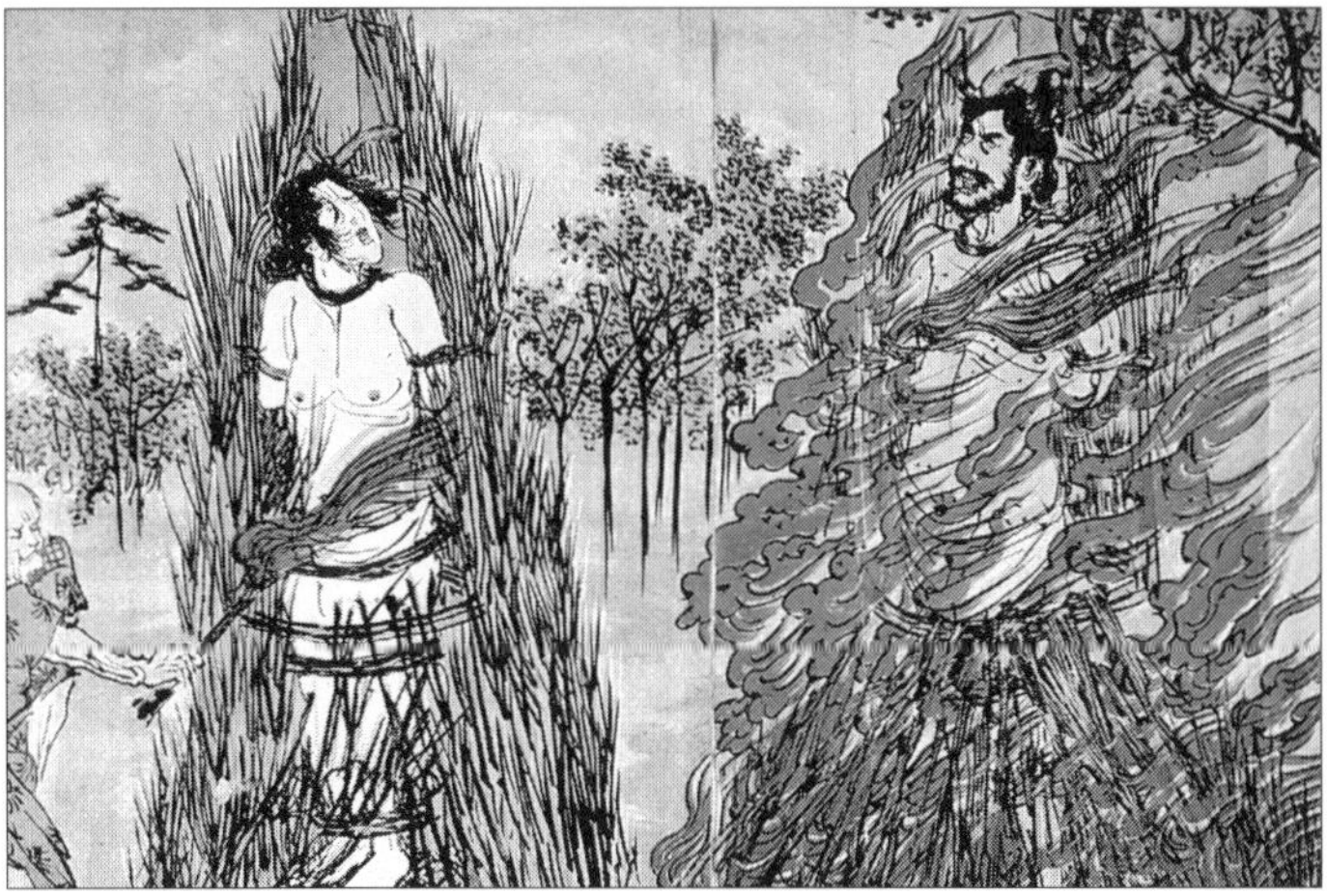

火罪（『徳川幕府刑事図譜』）

た財産没収の計も加えられた。

さらに重い罪となる強盗殺人を犯した者、主人の親類縁者の殺した者、主人の妻と不倫をした者、毒薬を売った者は「獄門」という斬首になる。これは市中を引き回され、斬首後に罪名の書かれた木札とともに、台の上で首が二夜三日間さらされる。

ちなみに斬首は当番の同心が担当することが多かったようだが、下手クソな者も少なくなかったようで、首ではなく肩や頭を斬ってやり直しとなるなど、無駄に苦しまされる罪人もいたようだ。

斬首以外では、放火犯に「火罪」が適用された。市中引き回しの上で、薪の上に立たされ、柱に縛り付けられ、火あぶりで処刑され

鋸挽（『徳川幕府刑事図譜』）

た。最後は、男の場合は陰嚢、女の場合は乳房を再び焼いた。

主人殺しや親殺し、関所破りなど、封建制度の根幹を揺るがすような犯罪の場合は「磔《はりつけ》」が行われた。刑木に縛りつけられ、左右の脇腹から腹にかけて槍で20回以上、突かれることになる。

そして、もっとも残酷な死刑の方法が「鋸挽《のこぎりびき》」である。江戸時代の「鋸挽」は、土に埋められ、顔だけ出した罪人の横に竹製の鋸が置かれた。希望する者はその鋸で罪人の首を挽くことができた。もっとも参加を希望する者はあまりいなかったようで、罪人は2日間放置された後、最終的に磔にされた。

●きょう、死刑を見に行こうぜ！

「鋸挽」が参加型だったのは驚きだが、江戸時代の死刑は庶民のエンターテインメントとしての側面もあった。

市中引き回しが行われる沿道や、死刑が執行される刑場には群衆が集まった。特に罪人が、大きな話題を集めた人物ともなれば、その盛り上がりはさらに増した。江戸幕府に対して反乱を起こした大塩平八郎は20人近い関係者とともに磔にされたが、その後、すでに死体となってさらされている状態でも、一目、その姿を見ようと刑場は見物人で溢れかえった。

他にも江戸時代の処刑場が盛り上がっていたという記録が残っている。ある侍の日記には、「火刑があると聞いて見物に向かおうとしたが、時間を間違えてしまいとても残念だ」と記されている。ちなみに彼はよほど悔しかったようで、見物できた知人に詳細を聞きにいったそうだ。また、ある藩では役人の指示を聞かなくなるほど、処刑場に集まった観衆が盛り上がって興奮していたという。

いくら娯楽が少なかった江戸時代であっても、死刑の見学に庶民が大勢集まったというのは、なかなか現代の感覚では理解が難しい。

【罪人もつらいよ　其の五】

入れば最後、恐怖の牢屋敷！

●牢屋敷のイジメと間引き

小伝馬町の牢屋敷は、今でいうところの東京拘置所に当たり、容疑者として捕縛された者や、刑の執行を待つ者が収監されていた。牢内の衛生環境は悪く、伝染病が蔓延していたため、刑の執行の前に病で亡くなる者も少なくなかった。

ただ、小伝馬町の牢屋敷の恐ろしさは伝染病だけではない。

小伝馬町の牢屋敷に収監される際には必要なものがある。それは〝つる〟と呼ばれる賄賂である。当時、牢内は囚人の代表者である牢名主が場を仕切っていた。この牢名主に渡す〝つる〟がないとイジメの対象となった。

江戸小伝馬町牢獄内昼の図（『徳川幕府刑事図譜』）

入牢すると、牢内の決まり事を一通り説明された後、〝つる〟を持っているかと質問される。ここで〝つる〟がないとわかれば、牢内では便所の近くなどの衛生環境の悪い場所での生活を余儀なくされる。そして、先に入牢していた囚人からリンチを受けることになった。

また〝つる〟もないような気の利かない入牢者は〝間引き〟の対象にもなった。

そもそも、当時は現在のような人権などという概念は存在しておらず、「疑わしい者」や「怪しいやつ」という程度でも、しょっぴかれて牢屋に入れられた。結果として、入牢者はどんどん膨れ上がった。牢内はすし詰め状態で、ひどい時は横になって寝ることも

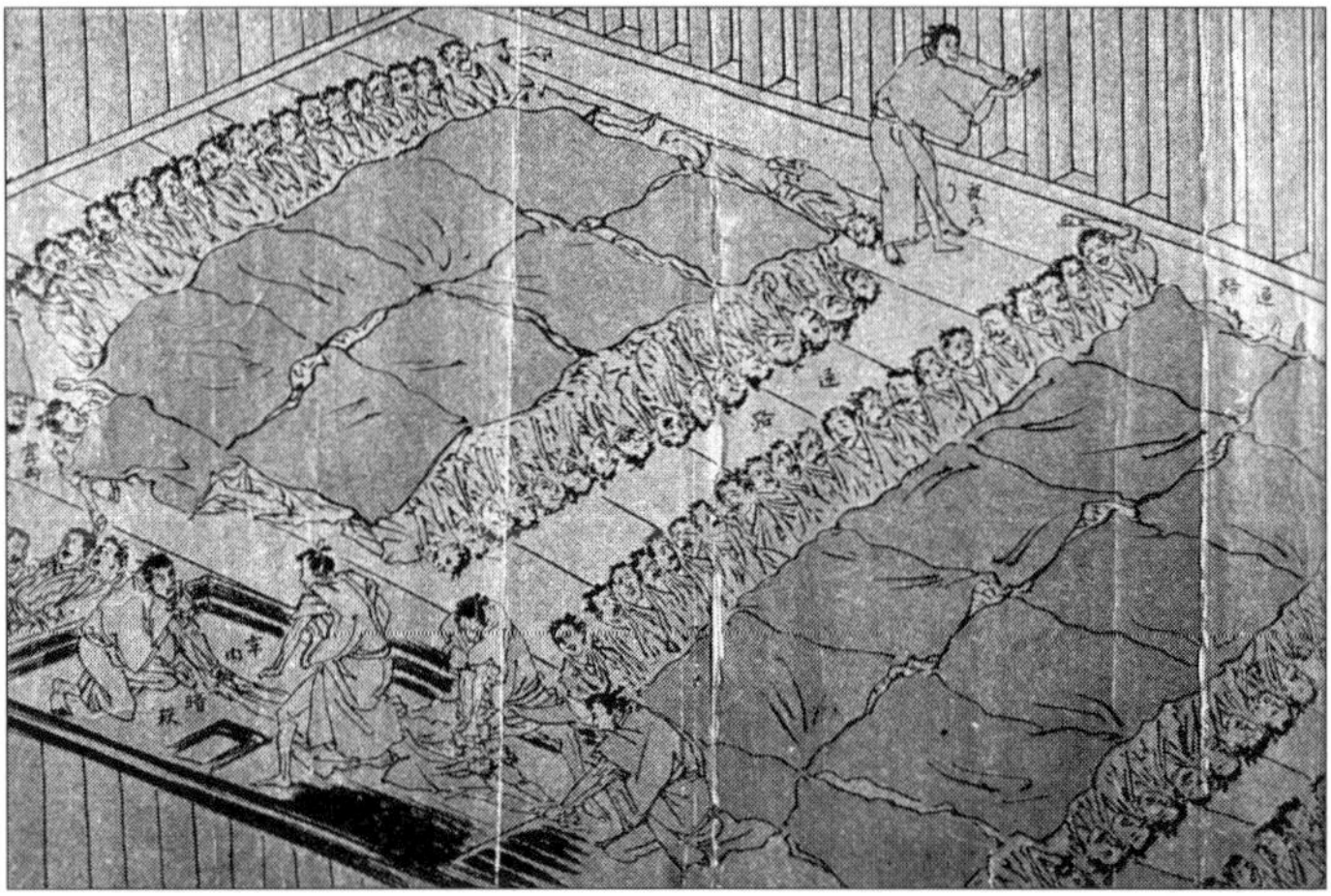

夜の牢獄内（『徳川幕府刑事図譜』）。左下ではひとりの囚人が間引きに遭っている。

難しいほどだった。そんな状況であったため、牢を管理する役人たちは、膨れ上がる入牢者を整理するために〝間引き〟は必要悪と捉えていた。

ちなみに〝間引き〟のやり方だが、牢内には人を始末するための道具は限られていたので、便所の蓋で撲殺か、陰嚢を蹴り上げるなどの方法がとられていたという。

●過酷な女囚

女性の囚人の場合、過酷な拷問は制限されていたと言われている。しかし、女囚が牢内で妊娠することは珍しくなかった。その相手は役人である。

伝馬町の牢獄は大牢のほか、女性牢や子ども牢などに分かれていた（『徳川幕府刑事図譜』）

女囚に対して「座敷ころがし」という縛り方があった。これは女囚を裸にして座禅を組ませた状態にさせ、後ろで手を縛り、前に倒すというもの。この状態だと身動きが取りにくくなり、尻が浮いた状態となる。これは、役人たちが容易に強姦がしやすい状態でもあった。

強姦されて妊娠した場合、役人たちは上司に気づかれないうちに、腹を蹴るなどの暴行を加え、流産させたという。

●もっともいじめられた職業とは？

様々な職業の入牢者がいる中で、特に過酷なイジメの標的とされたのが、岡っ引きであった。

街のゴロツキで、犯罪者予備軍のような者たちが岡っ引きとして働くケースが多かったことはすでに述べたが、そんな彼らが問題を起こして収監されると、そこには以前、自分が捕らえた犯罪者たちが待っている。そうなると、さっそく復讐が始まる。

イジメの方法は、塩や唐辛子を無理やり食べさせたり、さらには尿を無理矢理飲ませるといったもので、やがて死んでしまうこともあった。

過酷な牢生活に耐えられず、逃げようと画策する者も当然いただろう。ただ、伝馬町牢屋敷の約9000平方メートルの敷地には、深さ4メートル弱の堀と高さ2・4メートルの塀がめぐらされていた、容易に逃げられるような場所ではなかった。

明治の世となると、獄舎が市ヶ谷に移されたことで政府はこの土地を民間に払い下げようとした。しかし、数多くの収監者が悲惨な目に遭っていたことはよく知られていたため、気味悪がられて買い手がつかず、しばらくは荒廃したままになっていた。

【罪人もつらいよ　其の六】

死ぬより過酷な刑も存在！

●過酷な流刑地生活

死刑を免れて流刑になったとしても、そこには想像を絶するような苛烈な生活が待ち受けていた。

江戸で罪を犯し、流刑となれば伊豆七島（大島、八丈島、三宅島、新島、神津島、御蔵島、利島《としま》）に流された。これらの島は、塩害や噴火によって積もった火山灰の影響で農地には不向きで、食糧の自給自足が困難であった。特に利島、神津島、御蔵島の環境は厳しかった。やがてその三島へは送られなくなり、八丈島、三宅島、新島のみが流刑地となった。

島では飢饉も頻繁に起きた。飢饉になると、島民には米が支給されたが、罪人には支給さ

れなかった。明和の飢饉の際には八丈島で1500人が餓死した。さらに元禄年間では990人、天保年間では800人が飢えで亡くなっている。

また女の流人の中には、男の流人を相手に妊娠する者も少なくなかった。ただ、過酷な環境下では、子育てなど不可能であったことから、周囲から説得されて出産後に〝処理〟をすることも多かった。三宅島には生まれたばかりの赤ん坊を捨てる場所があった。そこでは、我が子を〝処理〟することに耐えきれずに、自らも身を投げた流人もいたという話が残っている。このようないわくつきの場所であるので、雨の日には〝人魂〟が出るとのウワサが広がり、島の住民は近づくことを恐れた。

ちなみに15歳以下は、流刑となっても一時免除され、「親戚に預ける」こととなっていた。あまりに流刑地での生活が厳しすぎることが、その理由であった。

●島ごとに個性があった処刑の方法

流刑のもっとも大きな目的は、危険人物を江戸の街から遠ざけることである。なので流罪というのは、基本的に終身刑。恩赦などの特別な事情がない限りは、一度、島に送られれば、

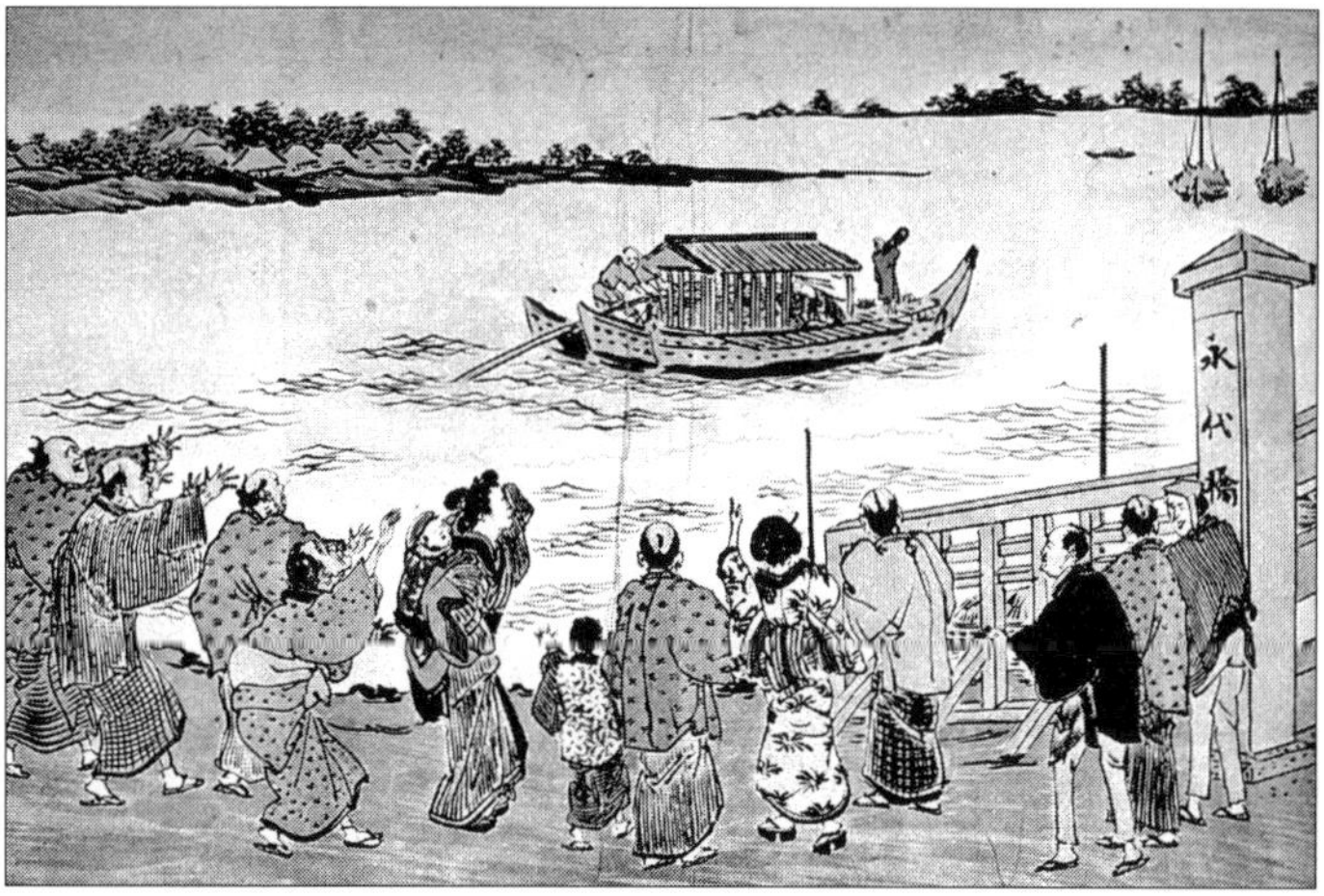

江戸から流罪の者は永代橋から出発し、伊豆七島か佐渡へ送られる。京、大阪、四国、中国より流罪の者は薩摩五島の内、隠岐、壱島、天草などへ送られた(『徳川幕府刑事図譜』)

死ぬまでこの過酷な生活が続けられることになる。

流人たちはそもそもが犯罪者であるため、島でも問題を起こすことも多く、さらにあまりに過酷な生活から自由を求めて〝島抜け〟と呼ばれる脱獄を試みる者もいた。もちろん、島抜けが失敗すれば厳しく罰せられることになる。

処罰の方法は、島ごとに、それぞれ違っていた。

新島では「金太まわし」と呼ばれる縛り首で処罰した。実際に執行するのは、同じ流人であり、これには見せしめにして、再犯を防止する狙いもあったようだ。そして、伊豆大島では罪人を竹簀で巻いて、海に捨

江戸で徴用された無宿人たちは、佐渡の金山の坑道の中で危険な仕事に従事させられた。「佐渡金山金掘之図」（テム研究所編著『図説佐渡金山』河出書房新社）

てる「簀《す》巻《ま》き刑」が行われていた。

特に残虐な方法が取られていたのが八丈島だ。木槌で頭を打ち砕いたり、牢獄で手足を丸太に挟み、そのまま放置して殺すなどの処刑方法が用いられた。

●水替人足の悲劇

金銀の産地として知られる佐渡島だが、ここでは水替人足《みずがえにんそく》と呼ばれている者たちが、鉱山で働かされていた。鉱山には地下水などの水が溜まる。彼らはその水を外に出す仕事をしていた。

そもそも水替人足は安永7（1778）年に江戸で犯罪の恐れがある無宿人が摘発

され、強制的に佐渡島まで送還されたことから始まる。ようするに彼らは何か特別に犯罪を起こしたのではなく、「なんか怪しいやつらだから、とりあえず治安維持のために追い出してしまおう」という理由で、佐渡島の鉱山で働かされることになったのだ。

その後は、罪人が送られることになったが、とにかく佐渡島での使役は過酷を極めたという。ある与力は鉱山での仕事を「残酷で地獄」と書き残している。

過酷な労働であったため、一般的な流人が与えられる倍以上の量の食事が与えられたが、それでも長く生きることができる者は少なかったようだ。

【罪人もつらいよ　其の七】

とにかく刑罰が厳しすぎ！

●ハリスも恐れた日本の刑罰

幕末期にタウンゼント・ハリスが江戸幕府と結んだ日米修好通商条約では、日本で罪を犯したアメリカ人を日本人が裁くことができないことになっていた。

よく学生時代の定期テストなどで出題される不平等条約のひとつだが、当時の江戸幕府の刑罰が厳しすぎて、アメリカ人に適用させるわけにはいかないとハリスが考え、強く要望したことがきっかけだったとも言われている。

ハリスでなくとも、江戸時代には、現代の観点から考えてあまりにも厳しすぎると思える処罰があった。

斬首刑（『徳川幕府刑事図譜』）

たとえば、江戸時代にフェイクニュースを流したことで斬首された者がいる。

元禄の時代、馬が人の言葉を話すという噂が流れた。この話を流したのは浪人の筑紫園《つくしその》右衛門《えもん》という人物。彼の目的はこの話で人々をひきつけ、流行病にかからないというお札を売ることにあった。結局、園右衛門は逮捕され、斬首となった。

現在でも、フェイクニュースは問題となっているが、江戸幕府はデマやいい加減な噂が流れる度に、厳しい対応をしてきた。この園右衛門の例は詐欺としても処罰の対象になるようなケースかもしれないが、いくらなんでも斬首は厳しすぎだろう。

小塚原刑場に設けられた首切り地蔵。明治6（1873）年に廃止されるまでの220年の間に、小塚原刑場では約20万人が処刑されたという。（『徳川幕府刑事図譜』）

●こそ泥で死刑、親の金を盗って死刑

強盗殺人であればともかく、強盗や窃盗だけであれば、現代では死刑にはならない。しかし、江戸時代は「10両以上を盗んだら死罪」との決まりがあった。10両というのは大金であることは間違いないが、現代の感覚からすれば窃盗で死刑というのは驚きだ。

また、盗んだ物が10両に達しなくても死罪となったケースがあった。

浅草茅町《かやちょう》の忠兵衛というものが、生活に困窮し、盗みを重ねるようになり、やがて逮捕された。

忠兵衛は60品あまりを盗んでいた。ただ、

屋敷内の衣類を竹の先に釘を刺したもので引っかけて盗んだり、湯屋で勝手に他人の上等な服に着替えて出てきて、それを質屋に売りさばくという程度。大名屋敷に盗み入り、大判小判をかっさらったというわけではなかった。盗んだものに金目のものは少なく、「10両ルール」には当たらなかった。しかし、奉行所は彼の〝常習性〟を問題視して、死罪とした。

また、浪人・渡辺達之丞は父の金を盗み、死罪となっている。

毎日、ふらふらした生活を送っていたという達之丞は、父・古山権太夫の使いで中間の三助が質屋から帰ってくるところを待ち伏せして、「金をよこせ」と迫った。小競り合いの末、達之丞は三助から二両を奪い取った。

三助が持っていた二両は、達之丞にとって父の金。現在であれば親子の問題として、警察沙汰にならず内々に処理されることもあるだろう。しかし、奉行所は達之丞のやり方が「追い剥ぎ同然だ」と問題視。死罪とした。

明治時代になると、諸外国の法律を参考に刑法も整備されていった。また現在では死刑制度そのものを見直すことも議論となっている。そんな令和の時代の感覚からすれば、いくら悪事を働いたとしても、これらのことで死刑というのは、「いくらなんでもやり過ぎ」としか思えないはずだ。

おわりに

本書を読んでいただき、どんな感想をもっただろうか。笑ってしまうような逸話もあるが、思わず目をそむけたくなるような話も少なくなかったはずだ。

しかし、本書は残酷な話を並べて、悪趣味な歴史ファンを満足させることを目的にはしていない。

本書で紹介したことは、江戸時代の現実である。

現実であったということは、我々の数代前の祖先が実際に送っていた生活であったということだ。このような過酷な時代を生き抜いたからこそ、我々が現代に存在することができているわけで、まずは祖先に敬意を表したい。

本書の中で紹介した自然災害、イジメ、様々な差別などは現代にも通じる問題と言えるだろう。時代が変わっても、人間社会が抱える問題はそう変わらないようだ。

人間社会という見方をすれば、江戸時代から成長していないところもあるが、科学技術や法の整備などは大きく進歩を遂げている。自然災害に対しても、防災技術は確実に高まっている。イジメや様々な差別やハラスメントに関しては、すべてさっぱりと解決できたとは言えないが、少なくとも江戸時代よりは社会全体が問題意識を持ち、変えていこうとしていることは間違いないだろう。

江戸のリアルを知ることで、私たちは社会の課題の解決へ向けて、少しずつではあるが前に進んできていることが確認できた。この歩みを続けることができれば、江戸時代には存在していなかった現代特有の問題も、きっと将来、解決へと向かっていくはずである。

また将来、社会がどんなに困難な課題を抱えることになっても、きっと人間は良い方向へと向かっていくことだろう。少なくとも、私はそう信じたい。

最後にこの企画をともにしていただいた彩図社の権田一馬氏、本書の出版に尽力いただいた方々に感謝を申し上げます。

２０２３年11月　水戸計

■主要参考文献

池田正一郎『江戸時代用語考証事典』（新人物往来社）／祖田浩一『江戸奇人・稀人事典』（東京堂出版）
逸話研究会 編『江戸逸話事典』（新人物往来社）／武士生活研究会『近世　武士生活入門事典』（柏書房）
山本博文 監修『数字でわかる　お江戸のくらし』（カンゼン）／稲垣史生『江戸時代大全』（KKロングセラーズ）
加太こうじ『物語 江戸の事件史』（立風書房）／『日本史大事典 第2巻 か〜け』（平凡社）
笹間良彦『図説江戸の司法・警察事典』（柏書房）／藩史研究会『藩史事典』（秋田書店）
『歴史読本（1975年9月号）』（新人物往来社）／『歴史読本（1992年2月号）』（新人物往来社）
『歴史読本（2001年3月号）』（新人物往来社）／『歴史読本（2001年8月号）』（新人物往来社）
『歴史と旅　臨時増刊「徳川吉宗と江戸の一〇〇人」』（秋田書店）／『歴史人（2013年8月号）』（KKベストセラーズ）
『別冊歴史読本　江戸人物ものしり事典』（新人物往来社）／『広報ぼうさい（2006年5月号）』（内閣府）
『女性のひろば（2011年11月号）』（日本共産党中央委員会）／『法曹（2004年1月号）』
アルジャーノン・B・ミットフォード『英国外交官の見た幕末維新』（講談社）／山本博文『切腹』（光文社）
大隈三好『切腹の歴史』（雄山閣）／大野敏明『切腹の日本史』（大野敏明）
渡辺誠『図説 大江戸さむらい百景』（学習研究社）／檜谷昭彦『江戸時代の事件帳』（PHP研究所）
河合敦『江戸のお裁き』（角川学芸出版）／北原進『百万都市　江戸の生活』（KADOKAWA）
一坂太郎『暗殺の幕末維新史』（中央公論新社）／母利美和『井伊直弼』（吉川弘文館）
『江戸大名廃絶物語』（新人物往来社）／『江戸の時代 本当にあったウソのような話』（河出書房新社）
歴史読本編集部【編】『江戸三百藩　藩主列伝』（新人物往来社）／ラフカディオ・ハーン『心』（岩波書店）
市川寛明、石山秀和『図説 江戸の学び』（河出書房新社）／

八幡和郎、白井喜法『江戸三〇〇藩「普通の武士」はこう生きた』（KKベストセラーズ）
『歴史REAL　大江戸侍入門』（洋泉社）／本田豊『絵が語る　知らなかった江戸のくらし　武士の巻』（遊子館）
本田豊『絵が語る　知らなかった江戸のくらし　農村漁民の巻』遊子館
本田豊『絵が語る　知らなかった江戸のくらし　庶民の巻』遊子館
大石学【編】『大江戸まるわかり事典』（時事通信社）／山本博文『武士は禿げると隠居する』（双葉社）
安藤優一郎『大名行列の秘密』（NHK出版）／小和田哲男 監修『大江戸武士の作法』（GB）
丹野顯『江戸の犯罪と仕置』（洋泉社）／大石学 監修『江戸の「格付け」がわかる本』（洋泉社）
日本風俗史学会 編集『史料が語る江戸の暮らし122話』（つくばね舎）／『大江戸24時』（新人物往来社）
永井義男『江戸の生活ウラ事情』（日本文芸社）／三田村鳶魚『三田村鳶魚　江戸生活自転』（青蛙房）
江戸の時代研究会『イラスト・図説でよくわかる 江戸の用語辞典』（廣済堂出版）
磯田道史『江戸の備忘録』（文藝春秋）／『歴史読本SPECIAL28　おもしろ役人全集』（新人物往来社）
深谷克己『江戸時代の身分願望』（吉川弘文館）／山田順子『お江戸八百八町三百六十五日』（実業之日本社）
山下昌也『実録 江戸の悪党』（学研プラス）／江戸人文研究会『絵でみる江戸の人物事典』（廣済堂出版）
森川哲郎『日本残酷死刑史』（日本文芸社）／筑摩書房『裏社会の日本史』（フィリップ・ポンス）
長山靖生『天下の副将軍』（新潮社）／フレデリック・クレインス『オランダ商館長が見た 江戸の災害』（講談社）
倉地克直『江戸の災害史』（中央公論新社）／山本純美、井筒清次『江戸・東京事件を歩く』（アーツアンドクラフツ）
日本風俗史学会『史料が語る江戸期の社会実相100話』（つくばね舎）／渡辺尚志『百姓たちの江戸時代』（筑摩書房）
菊池勇夫『飢饉―飢えと食の日本史』（集英社）／野口武彦『安政江戸地震―災害と政治権力』（筑摩書房）
安藤優一郎『江戸の養生所』（PHP研究所）／北嶋廣敏『江戸人のしきたり』（幻冬舎）
鈴木浩三『パンデミックvs.江戸幕府』（日経BP日本経済新聞出版本部）／安藤優一郎『江戸幕府の感染症対策』（集英社）
『本当にスゴかった江戸　世界一の都市は日本にあった！』（英和出版社）

関口すみ子『ペットからお輿入れまで　大江戸のお姫様』（角川学芸出版）
藪田貫、柳谷慶子『身分のなかの女性』（吉川弘文館）
由良弥生『大奥のおきて「女人版図」しきたりの謎』（阪急コミュニケーションズ）
安藤優一郎『江戸城・大奥の秘密』（文藝春秋）／雲村俊慥『大奥の美女は踊る 徳川十五代のお家事情』（PHP研究所）
山本博文『将軍と大奥　江戸城の「事件と暮らし」』（小学館）／永井義男『江戸の下半身事情』（祥伝社）
永井義男『本当はブラックな江戸時代』（辰巳出版）／永井義男『図説 吉原事典』（朝日新聞出版）
大石学『江戸のお勘定』（インプレス）／金森敦子『江戸庶民の旅―旅のかたち・関所と女』（平凡社）
西岡まさ子『江戸の女ばなし』（河出書房新社）／丹野顕『江戸の色ごと仕置帳』（集英社）
鈴木昶『江戸の医療風俗事典』（東京堂出版）／『江戸役人役職大事典』（新人物往来社）
水谷三公『江戸は夢か』（筑摩書房）／沢山美果子『性からよむ江戸時代――生活の現場から』（岩波書店）
安藤優一郎『大名格差～江戸三百藩のリアル～』（彩図社）／『大名と旗本（ピクトリアル江戸）』（学習研究社）
安藤優一郎『大名行列の秘密』（NHK出版）／青木宏一郎『江戸庶民の楽しみ』（中央公論新社）
石井良助『将軍の生活』（明石書店）／大久保洋子『江戸の食空間――屋台から日本料理へ』（講談社）
原史彦『江戸城の秘密』（洋泉社）／杉浦日向子『杉浦日向子の江戸塾』（PHP研究所）
『歩きたくなる大名と庶民の街道物語』（新人物往来社）／大石学 編『出世する武士、しない武士』（日本経済新聞出版）
中山良昭『殿、ご乱心でござる』（洋泉社）／「歴史の真相」研究会『異説 徳川将軍99の謎』（宝島社）
堀口茉純『TOKUGAWA15　徳川将軍15人の歴史がDEEPにわかる本』（草思社）
氏家幹人『旗本御家人』（洋泉社）／野口武彦『大江戸曲者列伝　太平の巻』（新潮社）
太陽編集部『江戸のワンダーワールド』（平凡社）／岡谷繁実『名将言行録 現代語訳』（講談社）
安藤優一郎『お殿様の定年後』（日本経済新聞出版）
高橋義夫『火付盗賊改・鬼と呼ばれた江戸の「特別捜査官」』（中央公論新社）

伊能秀明『大江戸捕物帳の世界』（アスキー・メディアワークス）
丹野顯『「火附盗賊改」の正体――幕府と盗賊の三百年戦争』（集英社）
中嶋繁雄『江戸の牢屋』（河出書房新社）／石井良助『盗み・ばくち』（明石書店）
重松一義『大江戸暗黒街―八百八町の犯罪と刑罰』（柏書房）／小石房子『江戸の流刑』（平凡社）
戸部新十郎『大江戸裁判事情―名奉行と捕物帳にみる』（廣済堂出版）
中嶋繁雄『物語 大江戸牢屋敷』（文藝春秋）／重松一義『江戸の犯罪白書―百万都市の罪と罰』（ＰＨＰ研究所）
渡邊大門『流罪の日本史』（筑摩書房）

著者紹介
水戸 計（みと・けい）
1980年生まれ。茨城県出身。
夕刊紙社会部記者、エンタメニュースサイト記者、テレビ局ニュースサイト記者を経て、現在はフリーランスライターとして活動。著名人のインタビュー、歴史、社会事件、芸能、旅、グルメなど幅広く取材する。歴史分野への興味は、幼稚園時代に祖父と一緒にテレビドラマ「水戸黄門」を見てから。著書に『江戸の大誤解』『戦国武将の処世術』（ともに彩図社刊）がある。
X（Twitter） @mitokeimitokei

本文イラスト：伊野孝行

お江戸はつらいよ

2023年12月22日　第1刷

著　者　　水戸計

発行人　　山田有司

発行所　　株式会社　彩図社
東京都豊島区南大塚3-24-4
MTビル　〒170-0005
TEL：03-5985-8213　FAX：03-5985-8224

印刷所　　シナノ印刷株式会社

URL https://www.saiz.co.jp　https://twitter.com/saiz_sha

ISBN978-4-8013-0696-7 C0021